KB262942

著 AjALT

CONTENTS (목차)

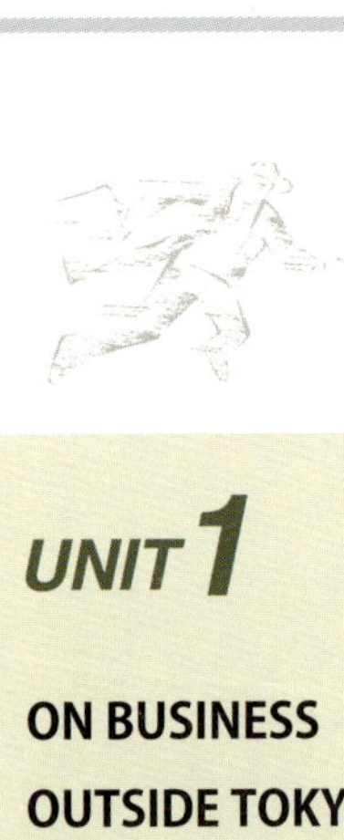

UNIT 1

ON BUSINESS OUTSIDE TOKYO

地方都市への出張

지방도시로 출장

Grammar (문법)   14

Lesson 01 TALKING ABOUT PLANS

予定を話す 일정을 말하다   16

- 복수의 행동을 순서에 따라 말한다
- 이벤트 전 후에 무엇을 할지에 대해 말한다
- 주말이나 여행 예정 등 스케줄에 대해 자세히 이야기한다

Lesson 02 MAKING A REQUEST

依頼する 의뢰하다   28

- 가게 등에서 물건을 어떤 수단으로 보낼지를 의뢰한다
- 택시 운전기사에게 방향을 지시한다
- 호텔 직원에게 물건을 가져다 달라고 부탁하거나 짐을 보관해달라고 부탁한다

UNIT 2

SEEING A MUSEUM

美術館見学

미술관 견학

Grammar (문법)   42

Lesson 03 GOING TO AN ART MUSEUM

美術館に行く 미술관에 가다   44

- 타고 내리는 교통수단에 대해 말한다
- 출발/도착 시간에 대해 말한다
- 통근이나 목적지에 관한 경로나 소요시간에 대해 말한다
- 체재기간에 대해 말한다

Lesson 04 AT AN ART MUSEUM

美術館で 미술관에서   58

- 가게, 시설, 친구집 등에서 허가를 구한다
- 허가를 요청받아 응하거나 거절 한다
- 이유를 말하고 허가를 구한다

"한강의 기적"이라 일컬어지는 눈부실 만한 경제 발전으로 인해, 지금은 명실상부한 무역대국으로 자리 매김하고 있는 한국에서 "Japanese for Busy People"(이하 JBP)이 출간됨을 진심으로 기쁘게 생각합니다. 또한 세계 유수의 나라 가운데에서도 한국과 일본의 비즈니스 종사자들의 빈번한 왕래와 양국의 비즈니스 역사와 깊이가 남다른 만큼, 바쁜 현대인들을 위해 태어난 일본어 교재 JBP의 한국 출간에는 큰 의미가 있다고 하겠습니다.

본 교재가 처음 제작될 당시 일본 국내 일본어 교육 상황을 잠시 떠올려 보면, 대학에 다니는 유학생들을 위한 일본어 교재가 대부분을 차지하고 있었습니다. 그 내용 또한 교실 일본어에 국한된 천편일률적인 교재들뿐이었다고 기억합니다. 하지만, 당시의 일본은 비즈니스를 위해 일본을 찾는 외국인들의 수가 점점 증가하는 시기로 이러한 비즈니스 종사자들의 니즈를 반영한 적합한 일본어 교재가 절실한 상황이었습니다. 정기적으로 일본어 학교를 다니며 매일같이 몇 시간씩 일본어 학습에 투자할 시간조차 없는 바쁜 외국인들에게 비교적 적은 시간을 투자하여 효율적인 일본어 학습을 할 수 있는, 더불어 교실 일본어가 아닌 비즈니스 현장에서 곧바로 사용할 수 있는 일본어를 배우고 싶어 하는 이들의 욕구를 충족시키기 위한 일본어 교재가 절실했습니다. 그러한 시대상을 반영하여 제작된 교재가 바로 JBP 입니다. JBP는「커뮤니케이션을 위한 일본어」를 그 기본 모토로 비즈니스 현장에서 곧바로 사용할 수 있는 일본어에 기반을 두어 기획되었습니다. 단시간 내에 효율적으로 일본어를 습득하기 위해서는 어떠한 회화 장면에서 사용하는 표현인가를 우선 구체적으로 이미지화하는 것이 중요합니다. JBP는 각각의 회화 장면이 긴밀하게 연계되는 UNIT 구성을 기본 포맷으로 하여, 일본을 방문한 적이 없는 학습자들도 일본 문화를 제대로 이해하고 실제 일본어가 사용되는 장면을 떠올리며 학습할 수 있는 구성으로 꾸며졌습니다. 각 과의 시작 페이지에는 학습자가 반드시 알아두어야 할 학습목표가 명확히 제시되어 있어 연계된 각 과를 꾸준히 학습하는 것만으로도 자연스러운 현장 일본어 능력이 향상되고, 나아가 사회 참가의 범위 또한 넓어지는 경험을 하게 될 것입니다.

각 과를 학습하시기 전에, 우선 제시된 학습목표를 명확히 하고, 그 과에서 수행되어야 할 행동 목표를 바르게 이해하도록 합시다. 다음으로 타겟 회화를 통해 학습 목표에 해당되는 회화 장면을 정확히 이해한 다음 관련 어휘들을 외워 자신의 것으로 만듭니다. 어휘 습득을 통해 해당과의 학습 내용이 보다 구체적인 것으로 다가오게 될 것입니다. 보다 자세한 활용 방법에 관해서는 뒤이어 나오는 페이지에 설명해 두었으므로 내용을 참고로 하여 체계적인 일본어 학습을 진행해 주시기 바랍니다.

본 교재가 일본어 학습을 하게 될 여러분에게 다양한 문화 체험과 일본어 능력 향상의 길잡이가 되어줄 것임을 믿어 의심치 않습니다. 여러분의 일본어 학습에 건투를 빕니다!

저자 일동

　새로운 Japanese for Busy People은 총 3권(한국판:6권)으로 구성되어 있습니다. 1984년에 처음 출간된 본 교재 시리즈는, 입문자부터 상급자를 대상으로 일본어 교수 경력 10년 이상인 AJALT(Association for Japanese Language Teaching: 국제일본어보급협회) 교사들의 교수법과 다년간 축적된 노하우에 근거하여 만들어졌습니다. 기존 2권으로 시작된 본 교재의 시리즈는 1994년에 처음 개정되었으며 Japanese for Busy People 2권이 향후 2권과 3권으로 분권이 되어 총 3권의 시리즈로 자리 잡았습니다.

　개정 3판의 주요 개정 내용으로는 교재 구성과 내용에 여러 가지 장치 기반 구조를 채용하는 등 변화의 다양성을 수반하였고 일본 문화, 새로운 확장 연습 및 업데이트된 상호 작용에 초점을 맞춰 구성하였습니다. 저자들은 본 교재의 학습자가 일본인이 실제로 사용하는 언어로 이루어진 상황을 보다 명확하게 이해할 수 있도록 일본어 교육의 최신 연구 성과를 적용하기 위한 모든 노력을 아끼지 않았으며, 학습자로 하여금 일본어 의사소통 능력에 대한 자신감을 증가시키는 데에 그 의의를 두고 개정 작업을 진행하였습니다. 더불어 이 교재를 통하여 일본어 학습자가 일본과 일본어에 대하여 체계적이고 깊이 있는 내용을 배울 수 있는 것이야말로 집필자들이 바라는 궁극의 바램이며 기쁨이라 하겠습니다.

Japanese for Busy People I (초판, 1984) 집필 및 지원에 대한 감사

　본 교재의 편찬에 있어 공동 집필에 참가한 Sachiko Adachi, Nori Ando, Haruko Matsui, Shigeko Miyazaki, Sachiko Okaniwa, Terumi Sawada, Yuriko Yobuko의 공헌과 노력을 높이 평가하고 있습니다. 영어 번역 및 편집 지원을 도와주신 Dorothy Britton 씨에게도 감사 드립니다.

Japanese for Busy People I (개정판, 1994) 집필 및 지원에 대한 감사

　본 교재의 편찬에 있어 공동 집필에 참가한 Haruko Matsui, Junko Shinada, Keiko Ito, Mikiko Ochiai, Satoko Mizoguchi 씨에게 감사 드립니다.

Japanese for Busy People I (가나 버전, 1995) 집필 및 지원에 대한 감사

　본 교재의 편찬에 있어 공동 집필에 참가한 Haruko Matsui, Junko Shinada, Mikiko Ochiai, Satoko Mizoguchi 씨에게 감사 드립니다.

Japanese for Busy People I (개정 3판) 집필 및 지원에 대한 감사

　본 교재의 편찬에 있어 공동 집필에 참가한 6명의 AJALT 교사 Yoko Hattori, Sakae Tanabe, Izumi Sawa, Motoko Iwamoto, Shigeyo Tsutsui, Takako Kobayashi 씨에게 감사 드립니다. 개정판 편찬을 지원해주신 Reiko Sawane 씨에게도 감사 드립니다.

바쁜 현대인들을 위한 일본어 교재 "Japanese for Busy People"은 제한된 학습 시간 내에 자연스러운 일본어를 습득하기 위해 가장 효과적인 방법을 찾고 있는 바쁜 현대인들의 요구를 충족시키기위해 개발되었습니다. 바쁜 학습자의 부담을 최소화하기 위해, 제시된 어휘 및 문법은 일본인과의 대화에 즉시 활용할 수 있는 내용으로만 설정되어 있으며, 일본어를 현장에서 바로 구사하기를 원하는 학습자들을 위한 "생존 일본어" 교재의 성격을 띄고 있습니다.

바쁘게 돌아가는 현대 사회 속에서 일본어 학습자들 또한 "생존 일본어"의 필요성에 목말라 하고 있는 상황입니다. 그럼에도 불구하고 바쁜 현대인들을 위한 심플하고도 활용도 높은 일본어를 체계적으로 담고 있는 일본어 학습서를 찾아보기 힘든 것이 현실이라 하겠습니다. 본 교재에서는 단순한 문법에만 초점을 맞춘 다른 교재와는 달리, 실제 일본어 회화 현장에서 빈번히 사용되는 대화의 패턴 그 자체에 무게의 중심을 두고 있습니다. 따라서, 본 교재를 학습하는 학습자들은 일상 생활에서 가장 필수적인 일본어 언어 패턴을 학습과 동시에 자연스럽게 습득하고, 일본 성인들이 구사하는 살아있는 일본어 그대로 자신의 의도를 표현 할 수 있습니다. 나아가 자신과 주변 환경 및 상황에 관한 다양한 화제를 재료로 삼아 자연스러운 일본어를 구사함으로써 주위의 일본인들과 우호적인 인간관계를 위한 튼튼한 기반을 구축할 수 있을 것입니다.

UNIT 단위로 구성

다양하고 자연스러운 일본어 회화 장면을 UNIT단위로 구성하였습니다. 하나의 주제로 연결되는 두개 또는 세개의 Lesson(강의)이 사회 문화적 정보, 언어적 정보를 바탕으로 긴밀하게 연계되어 있어, 자연스럽고 적절한 일본어를 구사하기 위한 커뮤니케이션 전략에 바탕을 두어 구성하였습니다.

Culture Note (문화 노트)

UNIT이 시작되는 부분에 문화 노트를 배치하였습니다. 이 노트는 일본인의 생활과 관습에 관심을 갖고 다른 문화를 이해하려는 자세로부터 비로소 외국어 학습이 순조롭게 출발된다는 의미가 담겨져 있습니다. 독자가 이 노트에 제시된 사회적, 문화적 정보와의 접촉, 타국 문화의 다양성에 대한 인지를 기본 바탕으로 단원의 테마에 관해 특정한 이미지를 얻을 수 있기를 바랍니다.

Grammar (문법)

새로운 UNIT이 시작되는 부분에 학습하게 될 기본 문법 항목의 정리와 설명을 제공합니다.

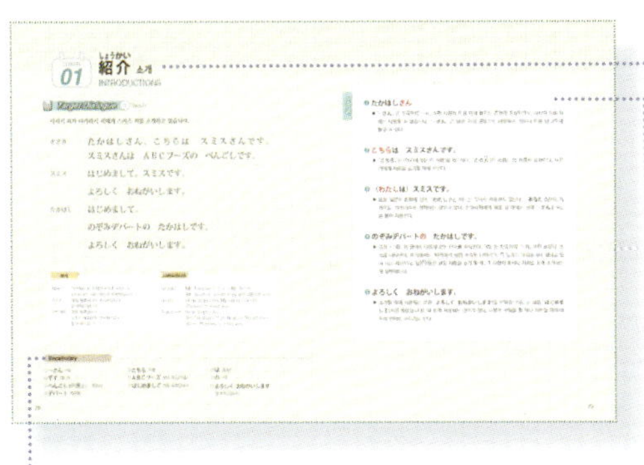

Target Dialogue (타겟 회화)

각 레슨의 시작 부분의 "Target Dialogue(타겟 회화)"는 현장에서 바로 사용할 수 있는 실제적인 일본어 표현과 일상 회화에 필요한 문법 항목의 범위 내에서 구성한 "생존 일본어"들로만 구성되어 있습니다.

Note (설명 노트)

"Note(설명 노트)"에서는 새로운 문법, 문형 표현에 대해 자세한 설명을 제시해 학습자의 이해를 돕고 있습니다.

Vocabulary (신출 어휘)

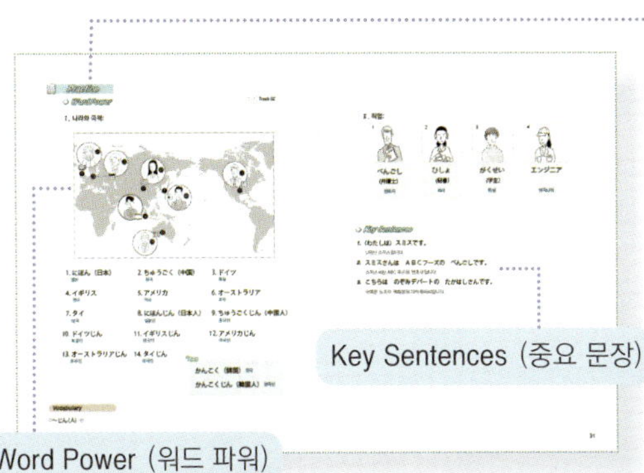

Practice (실전 연습)

이 섹션에서는 언어의 생산과 이해를 강조하는 연습들로 구성하였습니다. 도입 단계에서의 어휘 습득에 대한 중요성에 초점을 둔 "Word Power(워드 파워)"에서는 학습의 기초가 되는 어휘들로만 엄선하였습니다. 또한 학습자가 기억하기 쉽도록 유사 항목의 어휘를 그룹화하였으며, 학습자가 한눈에 이해할 수 있도록 그림, 차트, 표를 다양한 각도로 구성하였습니다. 더불어 각각의 "Lesson(강의)"과 관계된 간단한 청취 연습도 추가하였습니다. "Key Sentences(중요 문장)"는 간단한 문장을 사용하여 수업의 문법 항목들을 정리하여 보여줍니다.

Key Sentences (중요 문장)

Word Power (워드 파워)

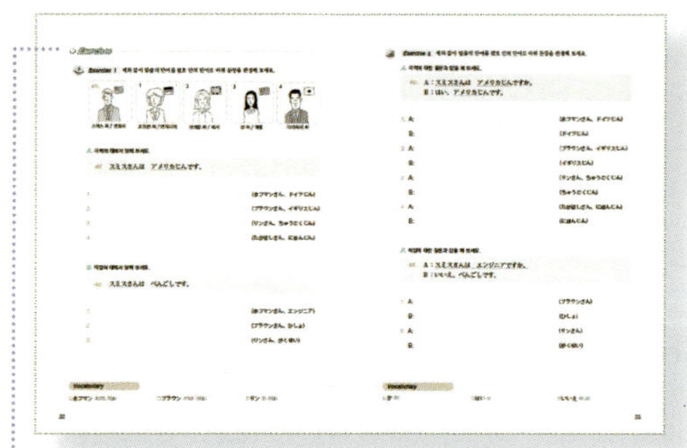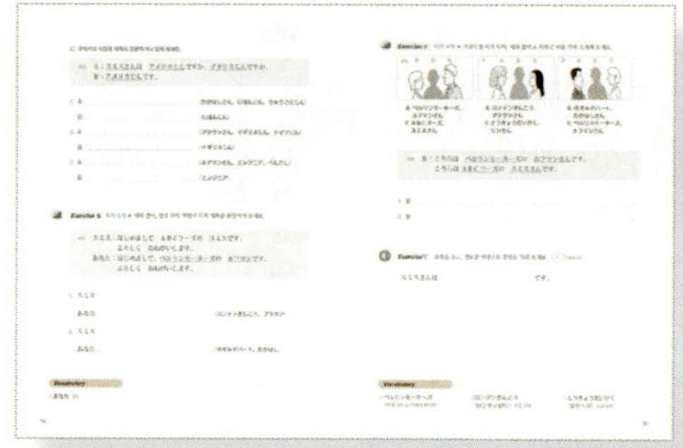

Exercises (반복 연습)

"Exercises(반복 연습)"는 아래와 같이 5가지의 아이콘으로 대표되는 유형으로 구성하였습니다.

(1) 단어나 동사, 형용사의 활용형을 반복하여 암기하는 연습.

(2) 학습자가 일본어 문장 구조를 정확히 이해하고 올바르게 습득하는 것을 목표로 한 기본 문장 패턴 연습.

(3) 회화 연습으로 유도하기 위한 대체 훈련과 대화 형식의 연습.

(4) 실제 현장에서 사용되는 일본어에 기반을 둔 회화 연습.

(5) CD를 듣고 내용을 이해하여 질문에 답하는 구성의 듣기 연습.

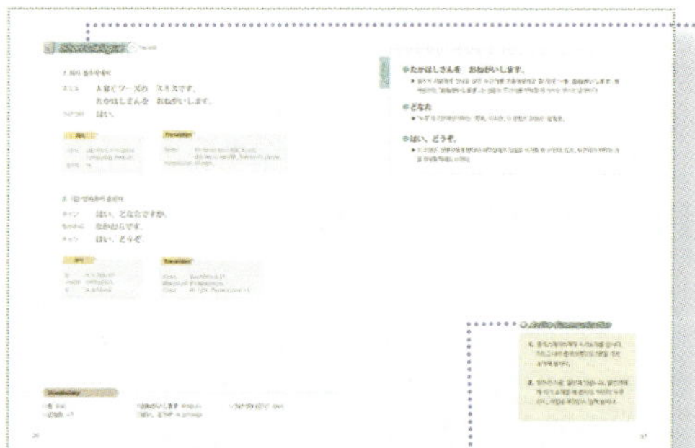

Active Communication (활동적 케뮤니케이션)

Short Dialogue (짧은 회화)

"Short Dialogue(짧은 회화)"는 일상생활에서 빈번히 사용되는 짧은 형식의 회화체로 상대방의 말에 즉각적으로 반응하여 상대의 말을 이해한다는 리액션을 보여줌으로써, 상대방의 관심을 곧바로 유도할 수 있는 회화법을 익히도록 합니다.
일상적이고도 빈번히 사용되는 회화를 중심으로 특정 구문과 표현을 사용할 때의 주의점에 관한 설명과 함께 제공됩니다.
"Active Communication(활동적 커뮤니케이션)" 은 각 과의 마지막에 나오는 섹션으로 학습자 스스로가 학습한 어휘, 문법, 표현을 기반으로 자발적으로 일본어를 사용할 수 있도록 구성되어 있습니다.

Introducing the characters (등장 인물 소개)

본 교재에 등장하는 인물들입니다. 연습 문제에도 자주 등장하는 인물들이므로 이름, 얼굴, 인물들의 관계 등을 미리 파악해 두는 것이 좋겠습니다.

Mike Smith
(마이크 스미스 / 32세 / 미혼)
미국인
ABC 푸드의 변호사

Mei Chan
(메이 장 / 30세 / 미혼)
홍콩 출신
ABC 푸드 판매부 직원

Frank Green
(프랭크 그린 / 56세 / 기혼)
미국인
ABC 푸드 도쿄 지사장
부인과 함께 도쿄 거주

Keiko Sasaki
(게이코 사사키 / 53세 / 기혼)
일본인
ABC 푸드 판매부장

Akira Kato
(아키라 가토 / 46세 / 기혼)
일본인
ABC 푸드 판매부 과장

Mayumi Nakamura
(마유미 나카무라 / 26세 / 미혼)
일본인
사사키 판매부장 비서

Daisuke Suzuki
(다이스케 스즈키 / 24세 / 미혼)
일본인
ABC 푸드 판매 사원

Shingo Takahashi
(신고 다카하시 / 48세 / 기혼)
일본인
노조미 백화점 판매부 부장
부인의 이름은 준코

Ichiro Yamamoto
(이치로 야마모토 / 45세)
일본인
ABC 푸드 교토 지사장

〈그 외 등장 인물〉
히데오 오가와 (49세 남성 / 그린 씨의 친구) / 야마다 타로 (남성 / 스미스 씨의 친구) / 아야코 마쓰이 (여성 / 이웃 주민)

본 교재를 사용하여 교수 활동을 하시는 교사 및 일본어 독학 학습자 모두에게 다음과 같은 활용법을 추천합니다. 본 교재는 학습자의 상황에 따라 유연하게 적용할수 있지만, 원칙적으로 한 Lesson(강의)의 학습 시간을 대략 2시간 정도로 진행하시길 권해 드립니다. 따라서 Japanese for Busy People 시리즈 1~6권을 모두 완료하려면 총 60시간이 걸립니다.

여기서는 한 Lesson(강의)에서 공통적으로 다루어지는 구성 내용에 따라 각각의 활용법에 대해 설명하도록 하겠습니다.

Culture Note (문화 노트)

해당 UNIT에서 다루어지는 주제의 사회적, 문화적 배경과 함께 전반적인 학습 목표를 설명함으로 학습자의 기반 지식을 확대하기 위한 내용으로 채워져 있습니다.

Grammar (문법)

해당 UNIT에서 다루어지는 문법적 개념의 정리입니다. 학습할 문법 항목을 체계적으로 미리 점검함으로써 회화의 기본 토대가 되는 문법 사항을 바르게 인지하도록 합니다.

Lesson (강의)

Quiz (퀴즈)

퀴즈는 학습한 항목의 최종 점검입니다. 틀린 부분이 있다면 앞의 도입 내용으로 돌아가 복습을 하도록 합니다.

Target Dialogue (타겟 회화)	타겟 회화는 한 Lesson(강의)의 학습을 마치게 되면, 이와 같은 내용의 회화를 할 수 있다는 것을 보여주며, 더불어 해당 단원의 학습 목표가 되는 주된 내용입니다. CD를 들으며 대화의 내용을 읽은 다음, 번역된 대화 내용을 확인하도록 합니다.

Practice (실전 연습)

Word Power (워드 파워)

단어 워밍업 운동입니다. 학습자는 CD의 음성을 듣고 단어를 기억 할 때까지 발음 연습을 해야합니다.

Key Sentences (중요 문장)

학습자는 유용한 중요 문장을 체계적으로 암기해 나가며 일본어 문법 구조에 대한 이해를 얻을 수 있습니다.

Exercises (반복 연습)

다양한 반복 연습을 통해 수업에서 배운 내용을 정리하며, 전반적인 문법 구조를 흡수하도록 합니다. 일반적으로 본격적인 회화 재현 연습, 문장을 만들거나 대화를 유도하는 연습, 단어의 반복과 활용 연습들도 이루어져 있습니다. 마지막으로 음성을 들으며 학습자의 듣기 능력을 연마하도록 구성되어 있습니다.

Short Dialogue (짧은 회화)

자주 사용되는 짧고도 편리한 표현들로 구성되어 있습니다. 다양한 상황에서 상대방의 말에 즉각적으로 반응하여 자연스러운 일본어를 구사할 수 있도록 연습하도록 합니다.

Target Dialogue (타겟 회화)

여기까지 한 Lesson(강의)의 학습이 끝난 학습자는 다시 한번 타겟 회화로 돌아가 학습 목표가 되는 회화문을 최종 정검하도록 합니다.

Active Communication (활동적 케뮤니케이션)

학습자가 학습 내용을 바탕으로 언어적 행동을 수행할 수 있는 환경에 있는 경우, 여기에서 제시된 과제를 수행함으로써 자신의 회화 능력을 테스트 할 수 있어야 합니다.

Culture Note

인공위성에서 보면 일본은 산이 매우 많은 나라이다. 실제로 일본 국토의 73%가 산지이다. 다른 한가지 큰 특징으로 동북에서 남서까지 300키로미터 이상에 걸쳐 국토가 길게 뻗어있기 때문에 각지의 기후가 위도에 따라서 상당히 다르고, 그것이 각지의 생활습관이나 방언에 다양성을 가져왔다. 일본 북부에 위치한 홋카이도 삿포로는 관광지인 동시에 상업도시이다. 오사카, 니가타, 후쿠오카 등 도 그런 특징을 가진 도시이다.

학습 목표

- 복수의 행동을 순서에 따라 말한다
- 이벤트 전 후에 무엇을 할지에 대해 말한다
- 주말이나 여행 예정 등 스케줄에 대해 자세히 이야기한다
- 가게 등에서 물건을 어떤 수단으로 보낼지를 의뢰한다
- 택시 운전기사에게 방향을 지시한다
- 호텔 직원에게 물건을 가져다 달라고 부탁하거나 짐을 보관해 달라고 부탁한다

UNIT 1

ON BUSINESS OUTSIDE TOKYO

地方都市への出張　지방도시로 출장

〈UNIT1〉의 회화장면은 일정을 이야기 하거나 상대방에게 무언가를 부탁하는 내용들로 이루어져있습니다. 일의 순서를 나타내는 표현과 부탁, 지시에 관한 표현을 다루고 있습니다.

❶ て형

▶ 일본어의 동사는 몇가지 형태가 있다. 지금까지 소개한 동사는 모두 「ます형」, 또는 「ます형」에서 파생된 형태였다. 지금부터 새로운 활용형인 「て형」에 대해 알아 보자.

▶ 일본어의 동사는 활용 방법에 따라 1그룹, 2그룹, 3그룹으로 나누어진다. 2그룹과 3그룹은 「ます」를 떼고 어간에 「て」를 붙이면 된다. 1그룹의 「て형」은 아래의 표에 나와있는 것처럼 다양하다.

1그룹			2그룹		
사다	買います	買って	먹다	食べます	食べて
기다리다	待ちます	待って	열다	開けます	開けて
돌아가다, 돌아오다	帰ります	帰って	보다	見ます	見て
듣다	聞きます	聞いて	3그룹		
쓰다	書きます	書いて	오다	来ます	来て
읽다	読みます	読んで	하다	します	して
마시다	飲みます	飲んで			
끄다 / 지우다	消します	消して			

일본어의 동사 그룹에 대한 상세 설명은 p.42 UNIT 2 문법 참조

❸ て형의 활용

▶ 「て형」은 문장 안의 중간에 나타난다.

예　グレイさんは　札幌支社に　行って、佐藤さんに　会います。
그레이 씨는 삿포로 지사에 가서 사토 상을 만납니다.

▶ 「て형」 뒤에 「ください」를 붙여서 정중한 의뢰를 표현한다.

예　カタログを　送ってください。　카탈로그를 보내 주세요.

▶ 하나의 행동에 이어 다른 행동을 할 때, 처음 문절의 동사는 「て형」이다. 이러한 문장의 경우, 처음 문절과 두 번째 문절의 주어가 같아야 한다.　3개의 문장까지는 「て형」으로 이어질 수 있다. 이 경우 앞선 두 문절의 동사가 「て형」으로 끝난다. 각 문장의 시제나 무드가 동일할 때에만 가능하다.
예를 들어 아래의 두 문장은 「て형」으로 연결 할 수 있다.

예　私は　きっぷが　2枚　あります。　나는 티켓이 2장 있습니다.
예　明日　一緒に　映画を　見ませんか。　내일 함께 영화를 보지 않겠습니까?

▶ 게다가 처음 문절이, 「行きます」, 「来ます」, 「帰ります」 등 이동 동사를 포함하는 경우, 두번째 문절에서는 처음 문절에서 이동된 장소에서 일어난 일을 표현해야 한다. 예를 들어, 「昨日　銀座に　行って、昼ご飯を　食べました(어제 긴자에 가서 점심을 먹었습니다)로 표현한다. 그러나, 「昨日　銀座に　行って、渋谷で　昼ご飯を　食べました(어제 긴자에 가고 시부야에서 점심을 먹었습니다)」는 긴자가 아닌 시부야에서 먹은 행동이 이어지고 있기 때문에 올바른 문장이 올바른 문장이 아니다.

UNIT 1

予定を話す 예정을 말하다
TALKING ABOUT PLANS

Target Dialogue  Track 01

장 씨는 사사키 씨의 갑작스러운 출장에 대해 이야기하고 있습니다.

チャン	佐々木さん、ちょっと よろしいですか。
佐々木	はい。
チャン	明日 北海道で 販売会議が ありますから、札幌に 行きます。
佐々木	会議は 何時からですか。
チャン	午前 10時から 午後 3時までです。会議の後で 札幌支社に 行って、佐藤さんに 会います。あさって 函館の チョコレート工場を 見て、1時の 飛行機で 東京に 帰ります。
佐々木	分かりました。では、気を つけて。

◆ チャンさんは 明日 札幌に 行きます。
　 あさって チョコレート工場を 見て、東京に 帰ります。

Vocabulary

- □ ちょっと よろしいですか 잠시 시간 괜찮으세요?
- □ 販売 판매
- □ 函館 하코다테(지명)
- □ ～の 後で ~후에
- □ 工場 공장
- □ 北海道 홋카이도(지명)
- □ 佐藤 사토(성 씨)
- □ 気を つけて 조심하세요

해석

장: 사사키 씨 잠시 시간 괜찮으세요?
사사키: 네.
장: 내일 홋카이도에서 판매회의가 있어서 삿포로에 갑니다.
사사키: 회의는 몇시부터인가요?
장: 오전 10시부터 오후 3시까지입니다. 회의 후에 삿포로지사에 가서 사토 씨를 만납니다. 내일 모레 하코다테의 초콜렛 공장을 보고 1시 비행기로 도쿄에 돌아옵니다.
사사키: 알겠습니다. 그럼 조심히 다녀오세요.

◆ 장 씨는 내일 삿포로에 갑니다.
　내일 모레는 초콜렛 공장을 보고 도쿄에 돌아옵니다.

Translation

Chan: Ms. Sasaki, do you have a moment?
Sasaki: Yes, please (tell me what you want to talk about).
Chan: There's a sales meeting in Hokkaido tomorrow, so I'm going to Sapporo.
Sasaki: What time does the meeting start?
Chan: It's from 10:00 a.m. to 3:00 p.m. After the meeting, I'll go to the Sapporo branch office and meet Mr. Sato. The day after tomorrow, I'll see the chocolate factory in Hakodate and fly back to Tokyo on a 1:00 (p.m.) flight.
Sasaki: I see. Well then, take care.

◆ Ms. Chan is going to Sapporo tomorrow.
　The day after tomorrow she will see a chocolate factory and return to Tokyo.

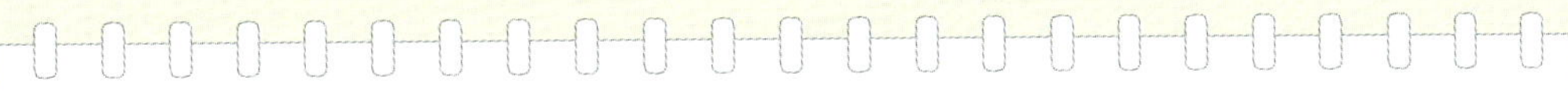

Notes

❶ ちょっと　よろしいですか。

▶ 한창 뭔가를 하고 있는 사람의 주의를 끌 때 쓰이는 표현이다.

Practice

Word Power

て형

1. 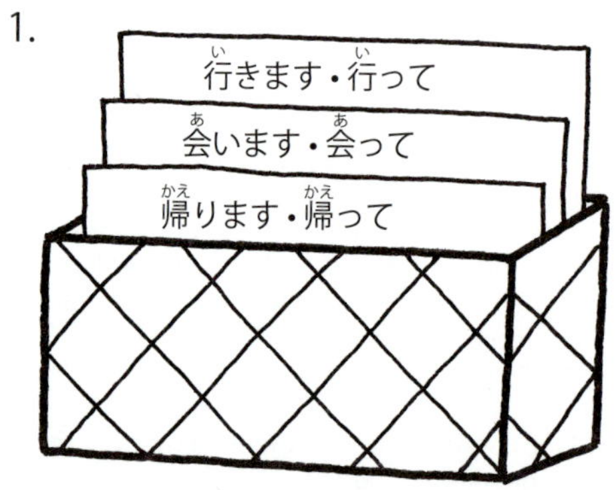

2. 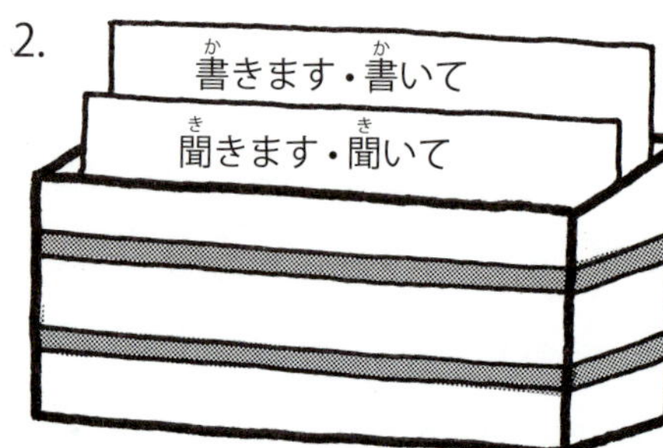

3. 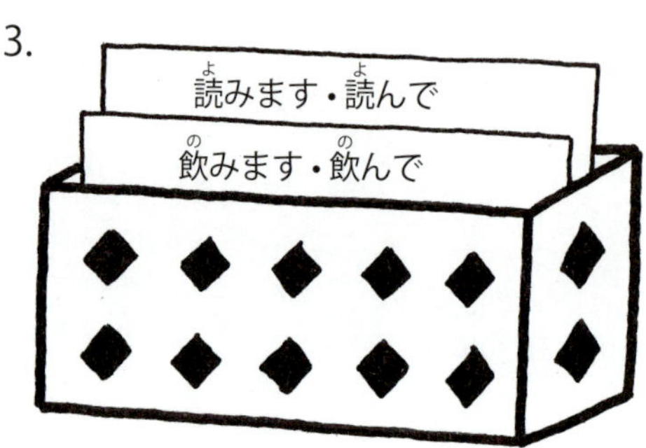

4. 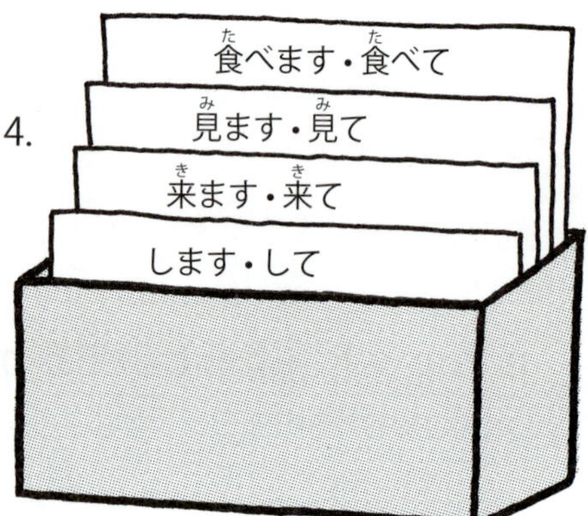

Key Sentences

1. スミスさんは　昨日　本屋に　行って、辞書を　買いました。
스미스 씨는 어제 서점에 가서 사전을 샀습니다.

2. スミスさんは　会議の　前に　コピーを　します。
스미스 씨는 회의 전에 복사를 합니다.

3. スミスさんは　昨日　パーティーの　後で　タクシーで　家に　帰りました。
스미스 씨는 어제 파티 후에 택시로 집에 돌아갔습니다.

Vocabulary

□ 〜の　前に　~전에

 *Exercises*

 **Exercise** I 동사의 활용연습 ▶ 아래의 동사를 읽고 て형을 외워 보세요.

	ます형	て형		ます형	て형
사다	買います	買って	끄다 / 지우다	消します	消して
만나다	会います	会って	먹다	食べます	食べて
돌아가다, 돌아오다	帰ります	帰って	열다	開けます	開けて
가다	行きます	*行って	닫다	閉めます	閉めて
쓰다	書きます	書いて	켜다	つけます	つけて
듣다, 묻다	聞きます	聞いて	보다	見ます	見て
마시다	飲みます	飲んで	오다	来ます	来て
읽다	読みます	読んで	하다	します	して

*불규칙 활용

Exercise II て형의 연습 ▶ 아래의 동사를 て형으로 고쳐 보세요.

> *ex.* 食べます → 食べて

1. 来ます　　　→

2. 飲みます　　→

3. 書きます　　→

4. 会います　　→

5. 帰ります　　→

6. 読みます　　→

7. 見ます　　　→

8. 聞きます　　→

9. します　　　→

10. 行きます　　→

 **Exercise Ⅲ** 행동 순서 표현 ▶ 예와 같이 문장을 하나로 만들어 보세요.

> *ex.* メールを 書きます。送ります。
> → メールを 書いて、送ります。

1. 電気を つけます。ドアを 閉めます。

→ ____

2. 電話番号を 聞きます。電話を します。

→ ____

3. 家で 本を 読みます。レポートを 書きます。

→ ____

 **Exercise Ⅳ** 무엇을 할지 묻고 답하기 ▶ 괄호 안에 있는 동사를 적절한 형태로 바꿔서 예문과 같이 대화를 만들어 보세요.

> *ex.* A：明日 何を しますか。
> B：本屋に 行って、辞書を 買います。

1. A: ____

B: ____
(銀座で 買い物を します、映画を 見ます)

2. A: ____

B: ____
(レストランで 昼ご飯を 食べます、美術館に 行きます)

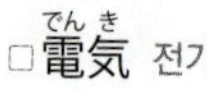 **Vocabulary**

□ 電気 전기　　　　　□ レポート 리포트　　　　　□ 美術館 미술관

Exercise Ⅴ 행동 순서 표현 ▶ 예와 같이 문장을 하나로 만들어 보세요.

> **ex.** 家に　来ませんか。昼ご飯を　食べませんか。
> →家に　来て、昼ご飯を　食べませんか。

1. スミスさんに　会いました。一緒に　テニスを　しました。

　　→ ____

2. ドアを　開けましょうか。電気を　つけましょうか。

　　→ ____

Exercise Ⅵ 한 일을 묻고 답하기 ▶ 괄호 안에 있는 동사를 적절한 형태로 바꿔서 예문과 같이 대화문을 만들어 보세요.

> **ex.** A：昨日　何を　しましたか。
> B：デパートで　ケーキを　買って、友達の　家に　行きました。

1. A: ____

　　B: ____
　　　　　　　　　　　　　　　（六本木に　行きます、食事を　します）

2. A: ____

　　B: ____
　　　　　　　　　　　　　　　（友達に　会います、一緒に　相撲を　見ます）

 **Exercise Ⅶ** 사건의 전후에 할 일을 말하기 ▶ 그림의 정보를 참고해서 예문과 같이 문장을 만들어 보세요. 밑줄을 괄호의 단어로 바꿔 써 보세요.

> **ex 1.** 午後　7時から　会議が　あります。会議の　前に　食事を　します。

1. ____

(会議、コピーを　します)

2. ____

(パーティー、ワインを　買います)

> **ex 2.** 午後　7時から　パーティーが　あります。パーティーの　後で
> タクシーで　家に　帰ります。

3. ____

(会議、レポートを　書きます)

4. ____

(会議、山本さんに　会います)

 **Exercise VIII** 어떤 일이 끝난 뒤에 한 일을 묻고 답하기 ▶ 그림의 정보를 바탕으로 예문과 같이 행동 순서를 나타내는 대화문을 만들어 보세요.

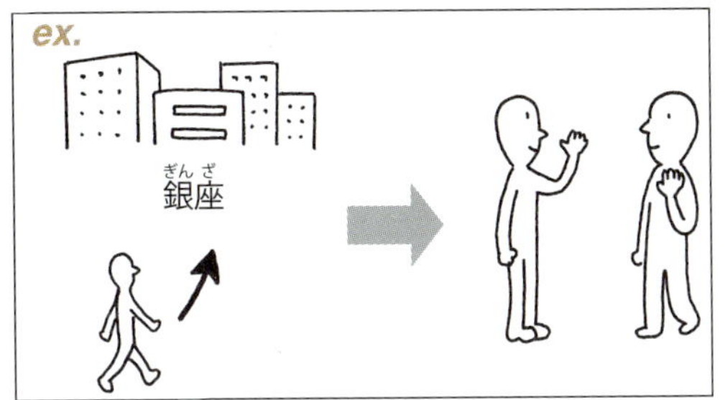

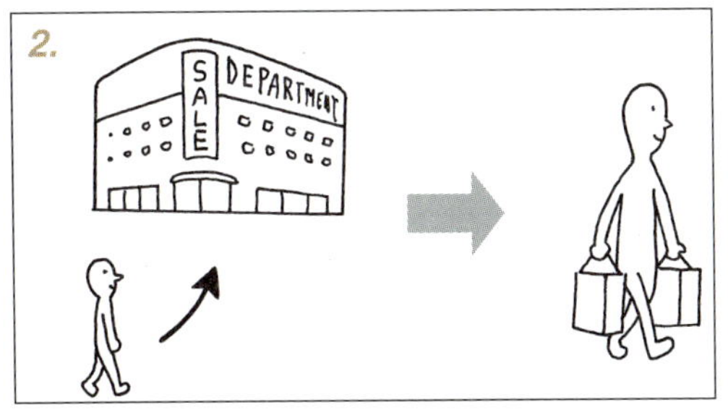

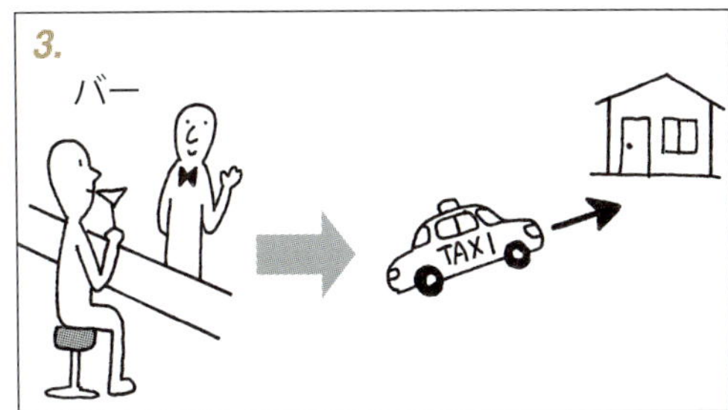

ex.　A：昨日　仕事の　後で　何を　しましたか。
　　　B：銀座に　行って、友達に　会いました。

1. A: ___________________________________

　　 B: ___________________________________

2. A: ___________________________________

　　 B: ___________________________________

3. A: ___________________________________

　　 B: ___________________________________

 **Exercise Ⅸ** 예정에 대해 말하기 ▶ 스미스 씨의 출장 예정표를 보고 예문과 같이 문장을 만들어 보세요.

ex.	목요일	오사카	미팅	→ 그린 씨에게 전화한다
1.	금요일	고베	골프	→ 친구 집에 간다
2.	토요일	교토	야마모토 씨와 식사	→ 오래된 신사와 정원을 본다

> **ex.** スミスさんは　木曜日に　大阪に　行って、会議を　します。
> 　　　　会議の　後で　グリーンさんに　電話を　します。

1. ____

2. ____

Exercise Ⅹ 예정에 대해 말하기 ▶ 밑줄을 괄호의 단어로 바꿔 예문과 같이 대화문을 만들어 보세요.

> **ex.** 佐々木：チャンさん、会議の　後で　どこに　行きますか。
> 　　　チャン：函館に　行って、チョコレート工場を　見ます。
> 　　　佐々木：そうですか。

1. 佐々木: ____

　チャン: ____

　　　　　　　　　　　　　　　　　　　　　（小樽、寿司を　食べます）

　佐々木: ____

2. 佐々木:　..

チャン:　..

(デパート、北海道の　おみやげを　買います)

佐々木:　..

Exercise XI　CD를 듣고 맞는 답을 골라 보세요.

a) 　　b) 　　c) 

Short Dialogues  Track 04

1. 그린 씨는 파티를 계획하고 있습니다. 마츠이 씨를 초대하려고 전화를 합니다.

グリーン　　日本人の　友達に　京都の　有名な　お酒を　もらいました。

日曜日に　友達を　呼んで、パーティーを　します。

松井さんも　来ませんか。

松井　　　　ありがとうございます。ぜひ。

해석

그린:　일본인 친구에게 교토의 유명한 술을 받았습니다. 일요일에 친구를 불러서 파티를 합니다. 마쯔이 씨도 오지 않겠습니까?

마쯔이:　감사합니다. 꼭 참석할게요.

Translation

Green:　I've received some famous sake from Kyoto from a Japanese friend. On Sunday I'm getting some friends together to have a party. Won't you come, Mrs. Matsui?

Matsui:　Thank you. I'll be there.

---

2. 나카무라 씨는 장 씨에게 그린 씨의 파티에 참석할 수 있는지 묻습니다.

中村　　　　明日の　パーティーに　行きますか。

チャン　　　いいえ、行きません。

中村　　　　どうしてですか。

チャン　　　ホンコンから　母が　来ますから。

해석

나카무라:　내일 파티 가세요?

장 :　아니요. 안가요.

나카무라:　왜 안가세요?

장:　홍콩에서 엄마가 와서요.

Translation

Nakamura:　Will you go to the party tomorrow?

Chan:　No, I will not.

Nakamura:　Why (not)?

Chan:　Because my mother is visiting (lit., "will come") from Hong Kong.

Vocabulary

☐ 呼びます 부르다　　　　　☐ どうして 왜, 어째서　　　　　☐ に ~에, ~하러

당신이 어제 한 일을 다른 사람에게 이야기 해봅니다. 그리고 주말 계획에 대하여 이야기 합니다.

LESSON 02

依頼する 의뢰하다
MAKING A REQUEST

 **Target Dialogue**  Track 05

장 씨는 영업회의에 참석하기 위해 삿포로에 왔습니다.

チャン	もしもし、チャンですが、おはようございます。
鈴木	あ、チャンさん、おはようございます。鈴木です。
チャン	今 札幌に います。すみませんが、メールで 新しい商品の カタログを すぐ 送ってください。会議で 使いますから。
鈴木	はい、分かりました。
チャン	それから、サンプルの 写真も 送ってください。
鈴木	はい、すぐ 送ります。
チャン	じゃ、お願いします。

◆ チャンさんは 札幌から 本社の 鈴木さんに 電話を しました。鈴木さんは チャンさんに メールで 新しい 商品の カタログと サンプルの 写真を 送ります。

Vocabulary

- □ が ~지만
- □ すぐ 바로, 즉시
- □ それから 그리고, 그 다음에
- □ 商品 상품
- □ 送ってください 말 해주세요
- □ サンプル 샘플
- □ カタログ 카탈로그
- □ 使います 사용합니다
- □ 本社 본사

해석

장:	여보세요 장입니다. 안녕하세요.
스즈키:	장 씨, 안녕하세요. 스즈키입니다.
장:	지금 삿포로에 있습니다. 죄송하지만 메일로 새로운 상품의 카탈로그를 바로 보내주세요. 회의에서 사용하려구요.
스즈키:	네, 알겠습니다.
장:	그리고 샘플 사진도 보내주세요.
스즈키:	네, 바로 보내겠습니다.
장:	그럼 부탁하겠습니다.

◆ 장 씨는 삿포로에서 본사의 스즈키 씨에게 전화를 했습니다. 스즈키 씨는 장 씨에게 메일로 새로운 상품의 카탈로그와 샘플 사진을 보냅니다.

Translation

Chan:	Hello, this is Chan. Good morning.
Suzuki:	Oh, Ms. Chan. Good morning. This is Suzuki.
Chan:	I'm in Sapporo. I'm sorry to bother you, but could you please send me the new product catalog by e-mail right away, because I'm going to use it during the meeting.
Suzuki:	Yes, all right.
Chan:	Also, please send photographs of the samples.
Suzuki:	Yes, I'll send them right away.
Chan:	Thank you. Bye now.

◆ Ms. Chan made a phone call from Sapporo to Mr. Suzuki at the main office. Mr. Suzuki sends Ms. Chan the new product catalog and sample photographs by e-mail.

Notes

❶ チャンですが ...

▶「が」는 두 개의 문절을 하나로 만드는 접속사이다. 정중한 망설임을 표현한다.

❷ メールで

▶「で」는 수량, 방법, 재료 등을 나타낸다.

예　メールで　資料を　送ります。메일로 서류를 보냅니다.

예　宅配便で　荷物を　送ります。택배로 짐을 보냅니다.

Practice

Word Power

Track 06

Ⅰ. 동사

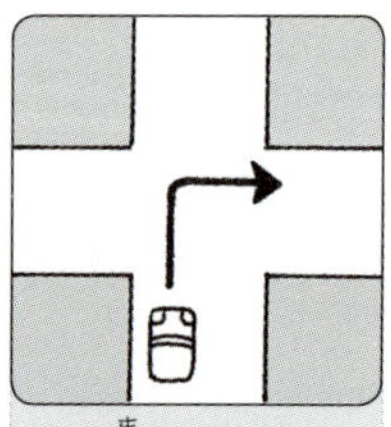

1. 曲がります
꺾습니다

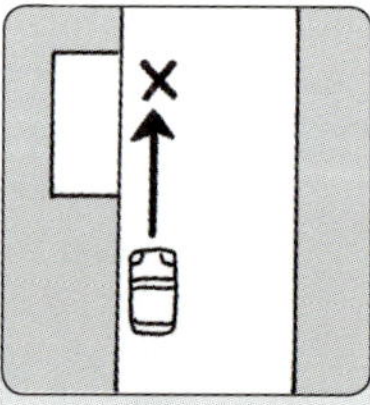

2. 止めます
멈춥니다

3. 言います
말합니다

4. 教えます
가르쳐 줍니다

5. 持ってきます
가지고 옵니다

6. 届けます
배달합니다

7. 待ちます
기다립니다

Ⅱ. 위치와 방향

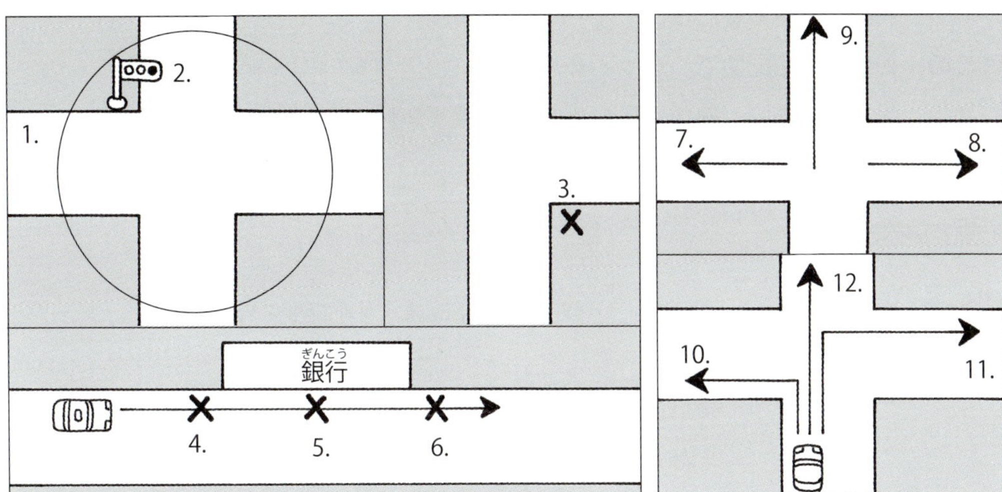

1. 交差点	7. 左
2. 信号	8. 右
3. 角	9. まっすぐ
4. 銀行の　手前	10. 交差点を　左に　曲がります
5. 銀行の　前	11. 交差点を　右に　曲がります
6. 銀行の　先	12. まっすぐ　行きます

Ⅲ. 통신 · 배달 수단:

1. ファックス
팩스

2. 航空便
항공편

3. 船便
배편

4. 宅配便
택배

Vocabulary

- □ 交差点 사거리
- □ 手前 자기 앞
- □ 左 왼쪽
- □ 信号 신호
- □ 前 앞
- □ 右 오른쪽
- □ 角 길모퉁이
- □ 先 앞, 전방
- □ まっすぐ 똑바로, 곧장

● *Key Sentences*

1. もう 一度（いちど） 言（い）ってください。 다시 한 번 말해 주세요.

2. この 荷物（にもつ）を 宅配便（たくはいびん）で 送（おく）ってください。 이 짐을 택배로 보내 주세요.

3. 次（つぎ）の 信号（しんごう）を 右（みぎ）に 曲（ま）がってください。 다음 신호에서 오른쪽으로 돌아 주세요.

● *Exercises*

 **Exercise I** 동사의 활용연습 ▶ 아래의 동사를 읽고, ます형과 て형을 익혀 보세요.

	ます형	て형
말합니다	言（い）います	言（い）って
기다립니다	待（ま）ちます	待（ま）って
돕니다	曲（ま）がります	曲（ま）がって
찍습니다	撮（と）ります	撮（と）って
빌립니다	貸（か）します	貸（か）して
보여줍니다	見（み）せます	見（み）せて
멈춥니다	止（と）めます	止（と）めて
가르칩니다	教（おし）えます	教（おし）えて
보냅니다	届（とど）けます	届（とど）けて
가지고 옵니다	持（も）ってきます	持（も）ってきて

Exercise II 부탁하다 ▶ 예문과 같이 문장을 만들어 보세요.

> *ex.* 名前（なまえ）を 書（か）きます → 名前（なまえ）を 書（か）いてください。

1. ちょっと 待（ま）ちます → ________________________

2. 写真（しゃしん）を 撮（と）ります → ________________________

3. もう 一度（いちど） 言（い）います → ________________________

Vocabulary

□次（つぎ） 다음　　　　　　　　　　□見（み）せます 보여줍니다

4. ペンを　貸^かします　　→ _______________________

5. ピザを　届^{とど}けます　　→ _______________________

Exercise Ⅲ　밑줄을 괄호 안의 단어로 바꿔 예문과 같이 대화문을 만들어 보세요.

A. 부탁을 해보세요.

> **ex.** A：すみません。あの　レストランの　名前^{なまえ}を　教^{おし}えてください。
> 　　　 B：はい。

1. A: _______________________（メールアドレス、書^かきます）

　　 B: _______________________

2. A: _______________________（メニュー、見^みせます）

　　 B: _______________________

3. A: _______________________（会議^{かいぎ}の　資料^{しりょう}、持^もってきます）

　　 B: _______________________

B. 특정 방법으로 무언가를 보내는 부탁을 해보세요.

> **ex.** A：スミスさんに　メールで　資料^{しりょう}を　送^{おく}ってください。
> 　　　 B：はい、分^わかりました。

1. A: _______________________
　　　　　　　　　　　　　　（のぞみデパート、ファックス、資料^{しりょう}）

　　 B: _______________________

Vocabulary

□ ピザ 피자　　　　　□ メニュー 메뉴　　　　　□ 資料^{しりょう} 자료

2. A: _______________________________________

(ロンドン支社の　ジョンソンさん、航空便、カタログ)

B: _______________________________________

3. A: _______________________________________

(横浜支社の　人、郵便、この荷物)

B: _______________________________________

Exercise Ⅳ　택시 운전기사에게 방향지시 ▶ 밑줄을 괄호의 단어로 바꿔 예문과 같이 문장을 만들어 보세요.

A.

> **ex.** 次の　信号を　右に　曲がってください。

1. _______________________________________ (次の　交差点、左)

2. _______________________________________ (二つ目の　角、右)

B.

> **ex.** 銀行の　前で　止めてください。

1. _______________________________________ (病院の　手前)

2. _______________________________________ (郵便局の　先)

Vocabulary

□郵便 우편　　　　　□二つ目 두번째

 **Exercise** Ⅴ 택시 운전기사에게 방향지시 하기 ▶ 화살표로 표시된 루트를 따라 운전기사에게 지시해 보세요. X 라고 쓰여진 장소에서는 멈추세요.

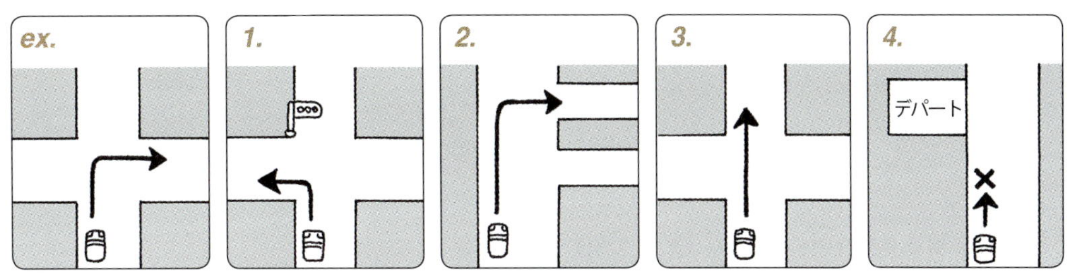

ex.	次の　交差点を　右に　曲がってください。

1. _______________________________________

2. _______________________________________

3. _______________________________________

4. _______________________________________

 **Exercise** Ⅵ 밑줄을 괄호의 단어로 바꿔 예문과 같이 문장을 만들어 보세요.

A. 구입한 상품의 배송을 부탁해 보세요.

> ex. スミス　　：すみません。家に　この　テレビを　届けてください。
> 店の　人　：はい。
> スミス　　：明日の　午後　届けてください。
> 店の　人　：はい、分かりました。では、お名前と　ご住所を
> 　　　　　　お願いします。

1. スミス　　：_______________________________________（パソコン）

店の　人　：_______________________________________

スミス　　：_______________________________（金曜日の　2時までに）

店の　人　：_______________________________________

Vocabulary

□ ご住所 주소　　　　　　　　　□ までに ~까지(정해진 시간·기한 내에)

2. スミス　　：＿＿＿＿＿＿＿＿＿＿＿＿＿＿＿＿＿＿＿＿（ソファー）

店の　人　：＿＿＿＿＿＿＿＿＿＿＿＿＿＿＿＿＿＿＿＿

スミス　　：＿＿＿＿＿＿＿＿＿＿＿＿＿＿＿＿＿＿＿＿（日曜日に）

店の　人　：＿＿＿＿＿＿＿＿＿＿＿＿＿＿＿＿＿＿＿＿

B. 택시 운전기사에게 방향지시를 해보세요.

> ***ex.*** チャン　：東京タワーの　近くまで　お願いします。
> 　運転手　：はい。
> 　チャン　：(잠시 후) 次の　信号を　左に　曲がってください。
> 　運転手　：はい。
> 　チャン　：あの　白い　ビルの　前で　止めてください。
> 　運転手　：はい、分かりました。
> 　運転手　：(잠시 후) 4,000円です。
> 　チャン　：はい。
> 　運転手　：ありがとうございました。
> 　チャン　：どうも。

1. チャン　：＿＿＿＿＿＿＿＿＿＿＿＿＿＿＿＿＿＿＿＿（六本木交差点）

運転手　：＿＿＿＿＿＿＿＿＿＿＿＿＿＿＿＿＿＿＿＿

チャン　：＿＿＿＿＿＿＿＿＿＿＿＿＿＿＿＿＿＿＿＿（右）

運転手　：＿＿＿＿＿＿＿＿＿＿＿＿＿＿＿＿＿＿＿＿

チャン　：＿＿＿＿＿＿＿＿＿＿＿＿＿＿＿＿＿＿＿＿（コンビニの　手前）

運転手　：＿＿＿＿＿＿＿＿＿＿＿＿＿＿＿＿＿＿＿＿

運転手　：＿＿＿＿＿＿＿＿＿＿＿＿＿＿＿＿＿＿＿＿

チャン　：＿＿＿＿＿＿＿＿＿＿＿＿＿＿＿＿＿＿＿＿

運転手　：＿＿＿＿＿＿＿＿＿＿＿＿＿＿＿＿＿＿＿＿

チャン　：＿＿＿＿＿＿＿＿＿＿＿＿＿＿＿＿＿＿＿＿

Vocabulary

□ 東京タワー 도쿄타워　　　　□ まで 까지　　　　□ 白い 희다

□ どうも 감사합니다　　　　□ 六本木交差点 롯본기 사거리

2. チャン　：　____　(渋谷駅)

　　運転手　：　____

　　チャン　：　____　(左)

　　運転手　：　____

　　チャン　：　____　(マンションの　前)

　　運転手　：　____

　　運転手　：　____

　　チャン　：　____

　　運転手　：　____

　　チャン　：　____

Exercise Ⅶ　CD를 듣고 그 정보를 바탕으로 빈칸을 채워 보세요.

チャンさんは ________________ に ________________ で　会議の　資料を
送ります。

Short Dialogues

Track 08

1. 장 씨는 방이 추워서 룸서비스에 전화를 합니다.

ホテルの　人　　　はい、ルームサービスです。

チャン　　　　　すみません、２０１の　チャンですが、もうふを
持って　来てください。

ホテルの　人　　　はい、分かりました。

해석	Translation
호텔직원: 네.룸서비스입니다. 장: 201호의 장인데, 담요를 가져와주세요. 호텔직원: 네.알겠습니다.	hotel employee: Yes, this is room service. Chan: This is Ms. Chan in room 201. Please bring me a blanket. hotel employee: Yes, will do.

2. 장 씨는 호텔 체크아웃을 합니다.

チャン　　　　　すみません。

フロントの　人　　はい、何でしょうか。

チャン　　　　　この　荷物を　５時まで　預かってください。

フロントの　人　　はい、分かりました。

해석	Translation
장: 실례합니다. 프론트 직원: 네. 무슨일이십니까? 장: 이 짐을 5시까지 맡아 주세요. 프론트 직원: 네.알겠습니다.	Chan: Excuse me. front desk clerk: Yes, how may I help you? Chan: Please take care of this luggage for me till 5:00 (p.m.). front desk clerk: Yes, will do.

Vocabulary

□ ルームサービス 룸서비스　　□ もうふ 담요　　□ 何でしょうか 무슨일이십니까

□ 預かります 맡습니다

택시 운전기사에게 일본어로 방향을 지시합니다. 또는 큰 물건을 구매하고 당신의 집으로 배달을 부탁합니다.

해외 예술작품부터 풍속화, 첨단기술부터 귀신이나 요괴에 이르기까지 일본에는 다양한 종류의 박물관이나 미술관이 있다. 수도권에 많은 박물관 중에 에도 도쿄 박물관은 옛 일본의 건축이나 문화의 모습을 전시하고 있다. 또한 천재적인 애니메이션 작가 미야자키 하야오 감독이 설계한 지브리 미술관도 그 중 하나다. 최첨단 과학기술을 전시하고 있는 일본 과학 미래관에서는 방문자가 로봇과 놀거나 우주선 모듈에 타 볼 수 있다. 도쿄미술 박물관에서는 일본을 비롯한 아시아 여러 지역의 회화나 조각 등 다양한 작품이 전시되어 있다.

학습 목표

- 타고 내리는 교통수단에 대해 말한다
- 출발/도착 시간에 대해 말한다
- 통근이나 목적지에 관한 경로나 소요시간에 대해 말한다
- 체재기간에 대해 말한다
- 가게, 시설, 친구집 등에서 허가를 구한다
- 허가를 요청받아 응하거나 거절 한다
- 이유를 말하고 허가를 구한다
- 이유를 말하고 타인의 행위에 주의를 준다
- 행위를 주의받아 사과한다
- 레스토랑에서 음식에 특정 식재료를 넣지 않도록 부탁한다
- 상대방의 사과에 대해 신경 쓰지 않도록 말한다
- 병원에서 의사에게 금지사항을 듣고 이해했음을 전한다

UNIT 2

SEEING A MUSEUM

美術館見学 <ruby>び じゅつかん けんがく</ruby> 미술관 견학

〈UNIT2〉의 회화장면은 미술관을 방문하여 그림을 감상하거나 주의를 받는 내용으로 이루어져 있습니다. 더불어 교통수단과 소요 시간에 관한 표현을 다루고 있습니다.

❶ ない형

▶ UNIT1 문법에서 간략하게 설명한 대로, 일본어 문법은 각각의 활용을 바탕으로 1그룹, 2그룹, 3그룹 이렇게 세 그룹으로 나뉜다. 1그룹 동사의 어간 (ます앞 부분)은 「ーi」로 끝나고 이 음절은 활용과 함께 형태가 변한다. 2그룹 동사의 어간은「ーe」나 「ーi」로 끝나고, 활용되어도 변하지 않는다. 그리고 3그룹은 불규칙적인 동사「します」,「来ます」밖에 없다. 동사의 활용에 대한 상세설명은 p.139-143에 있는 부록을 참조할 것.

▶ 1그룹동사는 「ます」앞의 음절이 아래의 표와 같이 변화해서, 「ない」는 ない형이 된다. 2그룹 동사는 규칙이 간단하다. 「ます」를 떼고, 「ない」를 붙이면 된다. 3그룹 동사는 불규칙 활용이다.

1 그룹					
사다	買います	買わない	쓰다	書きます	書かない
돌아가	帰ります	帰らない	가다	行きます	行かない
기다리다	待ちます	待たない	읽다	読みます	読まない
놀다	遊びます	遊ばない	끄다 / 지우다	消します	消さない

2 그룹					
먹다	食べます	食べない	보다	見ます	みない
보여주다	見せます	見せない	있다	います	いない

3 그룹					
가다	来ます	来ない	하다	します	しない

❷ ない형의 활용

예 ここに 車を 止めないでください。 이곳에 차를 세우지 말아 주세요.

▶ 문장 끝의 부정형은 「ません」을 사용하지만, 문장 중간에 있는 부정형은 보통 「ない형」을 쓴다.
그러나 이 문장에서는 「ない형」의 활용법만을 기억하면 된다. 「동사ないでください」로 외워두자.

UNIT 2

LESSON 03

美術館に行く 미술관에 가다
GOING TO AN ART MUSEUM

Target Dialogue

나카무라 씨는 최근 사쿠라 미술관이 금요일 오후 8시까지 개장하고 있다고 들었다.

中村 チャンさん、明日　仕事の　後で　さくら美術館に　行きませんか。

チャン いいですね。行きましょう。

中村 何時に　会社を　出ましょうか。

チャン ここから　さくら美術館まで　どのぐらい　かかりますか。

中村 40分ぐらい　かかります。

チャン じゃ、6時に　会社を　出ませんか。

中村 ええ。じゃ、明日　6時に。

◆ 中村さんと　チャンさんは　明日　仕事の　後で　さくら美術館に　行きます。6時に　会社を　出ます。会社から　さくら美術館まで　40分ぐらいかかります。

Vocabulary

- □ さくら美術館 사쿠라 미술관
- □ を ~을
- □ 出ます 나가다
- □ どのぐらい 얼마나, 어느 정도
- □ かかります (시간)걸립니다

해석

나카무라:	장 씨, 내일 일 끝난 후에 사쿠라 미술관에 가지 않겠습니까?
장:	좋네요. 갑시다.
나카무라:	몇시에 회사를 나갈까요?
장:	여기서 사쿠라 미술관까지 얼마나 걸리나요?
나카무라:	40분 정도 걸립니다.
장:	그럼 6시에 회사를 나갑시다.
나카무라:	네 그럼 내일 6시에.

◆ 나카무라 씨와 장 씨는 내일 업무가 끝난 후에 사쿠라 미술관에 갑니다. 6시에 회사를 나섭니다. 회사에서 사쿠라 미술관까지는 40분 정도 걸립니다.

Translation

Nakamura: Ms. Chan, how about going to the Sakura Art Museum tomorrow after work?
Chan: That would be nice. Let's go.
Nakamura: At what time should we leave the office?
Chan: How long does it take to get from here to the Sakura Art Museum?
Nakamura: It takes about forty minutes.
Chan: Well, how about leaving the office at 6:00?
Nakamura: OK. Tomorrow at 6:00, then.

◆ Ms. Nakamura and Ms. Chan are going to the Sakura Art Museum tomorrow after work. They will leave the office at 6:00. It takes about forty minutes to get from the company to the Sakura Art Museum.

Notes

❶ 何時に　会社を　出ましょうか。

▶ 조사「を」는 출발점을 나타낸다.

예　6時に　会社を　出ます。 6시에 회사를 나갑니다.
　　新宿駅で　電車を　降ります。　신주쿠역에서 전철에서 내립니다.

▶ 반면, 조사「に」는 도착점을 나타낸다. 즉, 行く, 来る, 入る, 乗る 등의 동작이 향하고 있는 장소의 도달점을 나타낸다.

예　7時に　美術館に　着きます。 7시에 미술관에 도착합니다.
　　東京駅で　電車に　乗ります。 도쿄역에서 전차를 탑니다.

Practice

● Word Power
Track 10

Ⅰ. 동사

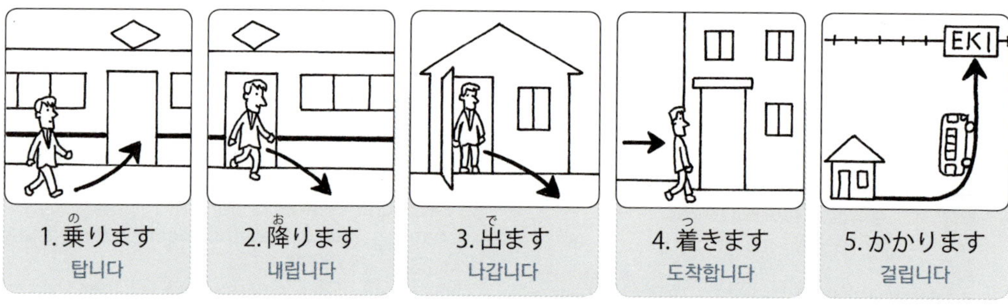

Ⅱ. 기간

	~분 (〜分)		~시간 (〜時間)		~일(간) (〜日(間))
5	5分（間）	1	1時間		1日
10	10分（間）	2	2時間		2日（間）
15	15分（間）	3	3時間		3日（間）
20	20分（間）	4	4時間		4日（間）
25	25分（間）	5	5時間		5日（間）
30	30分（間）	6	6時間		6日（間）

※ 주의 : 3時間半 세시간 반 (부록 p.148-150 참조)

	~주 (〜週間)	~개월(간) (〜か月(間))	~년(간) (〜年(間))
1	1週間	1か月（間）	1年（間）
2	2週間	2か月（間）	2年（間）
3	3週間	3か月（間）	3年（間）
4	4週間	4か月（間）	4年（間）
5	5週間	5か月（間）	5年（間）
6	6週間	6か月（間）	6年（間）

※ 주의 : 1年半 1년 반 (부록 p.148-150 참조)

○ *Key Sentences*

1. スミスさんは　東京駅で　電車に　乗ります。

스미스 씨는 도쿄역에서 전철을 탑니다.

2. スミスさんは　新宿駅で　電車を　降ります。

스미스 씨는 신주쿠 역에서 전철을 내립니다.

3 飛行機は　9時に　東京を　出て、10時半に　札幌に　着きます。

비행기는 9시에 도쿄를 출발해서, 10시반에 삿포로에 도착합니다.

4. 東京から　日光まで　電車で　1時間半　かかります。

도쿄에서 닛코까지 전철로 1시간 반 걸립니다.

○ *Exercises*

Exercise Ⅰ　동사 활용연습 ▶ 아래의 동사를 읽고 て형을 익혀 보세요.

	ます형	て형
탑니다	乗ります	乗って
내립니다	降ります	降りて
나옵니다, 나갑니다	出ます	出て
도착합니다	着きます	着いて
(시간) 걸립니다	かかります	かかって
걷습니다	歩きます	歩いて

Vocabulary

□ 歩きます　걷습니다

 **Exercise** Ⅱ   밑줄을 괄호의 단어로 바꿔서 예문과 같이 문장을 만들어 보세요.

A. 대중교통을 어디에서 타고 내리는지 말해 보세요.

ex. スミスさんは　東京駅で　電車に　乗ります。新宿駅で　電車を　降ります。

1. ____　（地下鉄）

2. ____　（タクシー）

3. ____　（バス）

B. 출발시간 및 도착시간을 말해 보세요.

ex. 高橋さんは　7時に　家を　出ました。8時に　会社に　着きました。

1. ____　（10時に　ホテル、11時に　空港）

2. ____　（朝　東京、1時ごろ　京都）

 **Exercise Ⅲ** 그림의 정보를 바탕으로 예문과 같이 문장을 만들어 보세요.

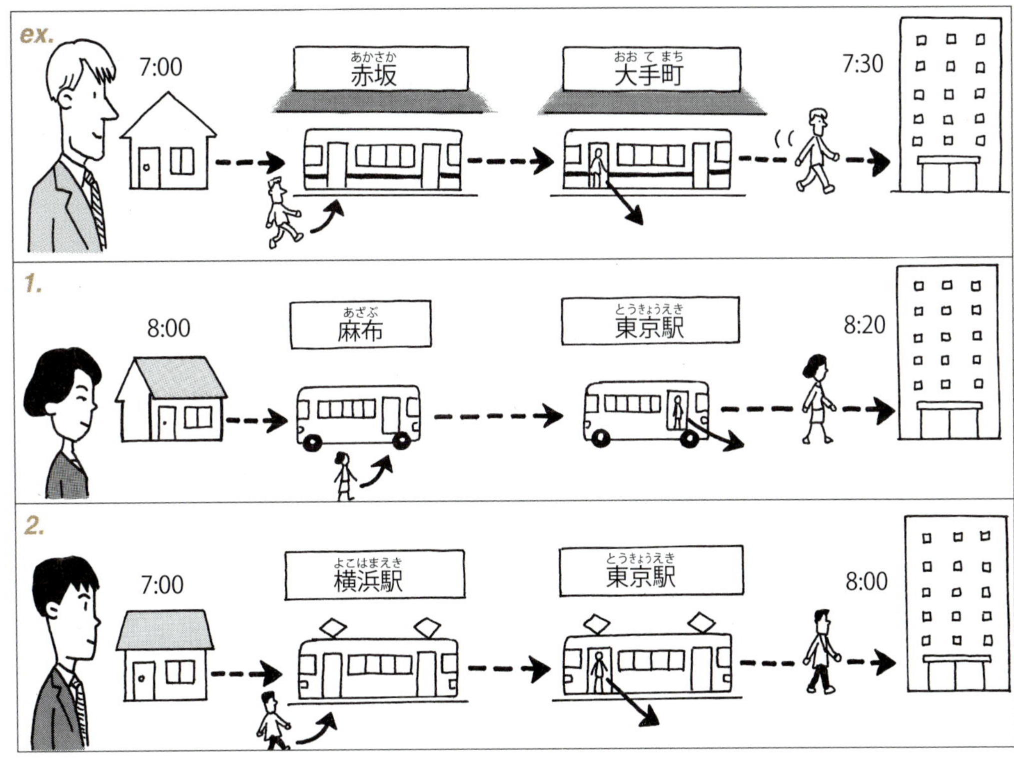

A. 회사 통근 경로를 묻고 답해 보세요.

> **ex.** 高橋　：スミスさんは　どうやって　会社に　行きますか。
> スミス：赤坂で　地下鉄に　乗って、大手町で　降ります。
> 大手町から　会社まで　歩きます。

1. 高橋　　：チャンさんは ___________________________

チャン　：___________________________

2. 高橋　　：鈴木さんは ___________________________

鈴木　　：___________________________

Vocabulary

□ どうやって (탈 것에)탑니다　　□ 赤坂 아카사카(지명)　　□ 大手町 오오테마치(지명)
□ 麻布 아자부(지명)

B. 매일 몇 시에 집을 나와서 몇 시에 회사에 도착하는지 묻고 답해 보세요.

> ***ex.*** 高橋　：毎日　何時に　家を　出ますか。
> スミス：<u>7時に</u>　出ます。
> 高橋　：何時に　会社に　着きますか。
> スミス：<u>7時半に</u>　着きます。

1. 高橋　　：＿＿＿＿＿＿＿＿＿＿＿＿＿＿＿＿＿＿＿＿＿＿＿＿

　　チャン　：＿＿＿＿＿＿＿＿＿＿＿＿＿＿＿＿＿＿＿＿＿＿＿＿

　　高橋　　：＿＿＿＿＿＿＿＿＿＿＿＿＿＿＿＿＿＿＿＿＿＿＿＿

　　チャン　：＿＿＿＿＿＿＿＿＿＿＿＿＿＿＿＿＿＿＿＿＿＿＿＿

2. 高橋　　：＿＿＿＿＿＿＿＿＿＿＿＿＿＿＿＿＿＿＿＿＿＿＿＿

　　鈴木　　：＿＿＿＿＿＿＿＿＿＿＿＿＿＿＿＿＿＿＿＿＿＿＿＿

　　高橋　　：＿＿＿＿＿＿＿＿＿＿＿＿＿＿＿＿＿＿＿＿＿＿＿＿

　　鈴木　　：＿＿＿＿＿＿＿＿＿＿＿＿＿＿＿＿＿＿＿＿＿＿＿＿

Exercise Ⅳ 　통근시간 말하기 ▶ 밑줄을 괄호의 단어로 바꿔 예문과 같이 문장을 만들어 보세요.

> ***ex.*** 家から　会社まで　<u>地下鉄で</u>　<u>４０分</u>　かかります。

1. ＿＿＿＿＿＿＿＿＿＿＿＿＿＿＿＿＿＿＿＿＿＿＿　（電車、1時間）

2. ＿＿＿＿＿＿＿＿＿＿＿＿＿＿＿＿＿＿＿＿＿＿＿　（バス、４５分）

 **Exercise** V 목적지에 얼마 만에 도착하는지 묻고 답하다 ▶ 그림의 정보를 바탕으로 예문과 같이 대화를 만들어 보세요.

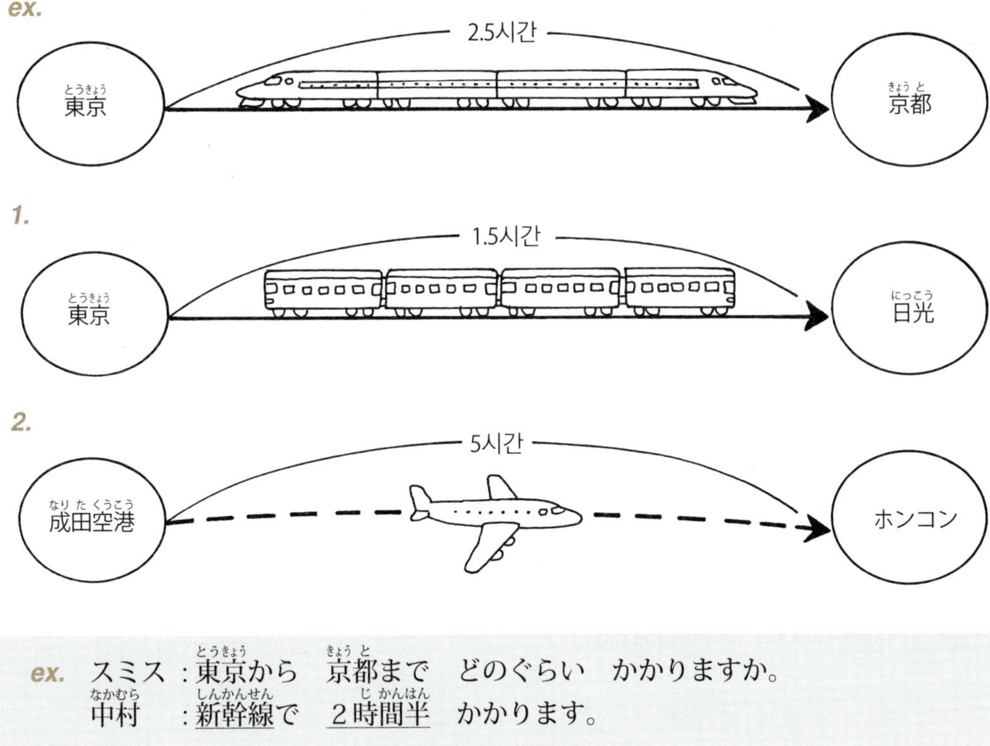

ex. スミス	：東京から　京都まで　どのぐらい　かかりますか。
中村	：新幹線で　２時間半　かかります。

1. スミス 　：...

　　中村 　：...

2. 中村 　：...

　　チャン 　：...

Vocabulary

□ 成田空港 나리타 공항　　　　　　　　　　　　　　□ います 있습니다

Exercise Ⅵ 체재 장소와 기간 묻고 답하기 ▶ 밑줄을 괄호의 단어로 바꿔 예문과 같이 대화문을 만들어 보세요.

> **ex.** スミス：高橋さんは　どのぐらい　<u>ニューヨーク</u>に　いましたか。
> 高橋　：<u>4日</u>　いました。

1. スミス　：＿＿＿＿＿＿＿＿＿＿＿＿＿＿＿＿＿＿＿＿＿（ホンコン）

　高橋　　：＿＿＿＿＿＿＿＿＿＿＿＿＿＿＿＿＿＿＿＿＿（2週間）

2. スミス　：＿＿＿＿＿＿＿＿＿＿＿＿＿＿＿＿＿＿＿＿＿（札幌）

　高橋　　：＿＿＿＿＿＿＿＿＿＿＿＿＿＿＿＿＿＿＿＿＿（5か月）

3. スミス　：＿＿＿＿＿＿＿＿＿＿＿＿＿＿＿＿＿＿＿＿＿（サンフランシスコ）

　高橋　　：＿＿＿＿＿＿＿＿＿＿＿＿＿＿＿＿＿＿＿＿＿（3年）

Exercise Ⅶ 밑줄을 괄호의 단어로 바꿔 예문과 같이 대화문을 만들어 보세요.

A. 여름방학 계획에 대해 말해 보세요.

> **ex.** 鈴木：夏休みに　どこに　行きますか。
> 中村：<u>パリ</u>に　行って、美術館を　見ます。
> 鈴木：そうですか。どのぐらい　<u>パリ</u>に　いますか。
> 中村：<u>1週間</u>　います。
> 鈴木：いいですね。

1. 鈴木　：＿＿＿＿＿＿＿＿＿＿＿＿＿＿＿＿＿＿＿＿＿

　中村　：＿＿＿＿＿＿＿＿＿＿＿＿＿＿＿＿＿＿＿＿＿（ニューヨーク、ミュージカル）

　鈴木　：＿＿＿＿＿＿＿＿＿＿＿＿＿＿＿＿＿＿＿＿＿（ニューヨーク）

　中村　：＿＿＿＿＿＿＿＿＿＿＿＿＿＿＿＿＿＿＿＿＿（6日）

　鈴木　：＿＿＿＿＿＿＿＿＿＿＿＿＿＿＿＿＿＿＿＿＿

Vocabulary

☐ニューヨーク 뉴욕　　☐サンフランシスコ 샌프란시스코　　☐パリ 파리
☐ミュージカル 뮤지컬

2. 鈴木 ：...

　　中村 ：... （京都、お寺）

　　鈴木 ：... （京都）

　　中村 ：... （5日）

　　鈴木 ：...

B. 상대방을 행사에 초대하고, 출발시간을 가르쳐 주세요.

> *ex.* 加藤　：明日　11時から　東京ホテルで　お菓子の　フェアが
> 　　　　　　あります。チャンさんも　一緒に　行きませんか。
> 　　　チャン：はい。何時に　会社を　出ますか。
> 　　　加藤　：東京ホテルまで　1時間ぐらい　かかりますから、10時に
> 　　　　　　出ます。
> 　　　チャン：分かりました。

1. 加藤　 ：... （お台場）

　　チャン ：...

　　加藤　 ：... （お台場、30分、10時半）

　　チャン ：...

2. 加藤　 ：... （横浜）

　　チャン ：...

　　加藤　 ：... （横浜、1時間半、9時半）

　　チャン ：...

Vocabulary

□ フェア 페어

Exercise VIII 항공 여행에 대해 말하기 ▶ 그림의 정보를 바탕으로 대화문을 완성 시켜 보세요.

1. チャン ：_________________________________

2. 旅行会社の 人：_________________________________

3. チャン ：_________________________________

4. 旅行会社の 人：_________________________________

5. チャン ：_________________________________

Vocabulary

□ **ホノルル** 하와이(지명)   □ **旅行会社** 여행사

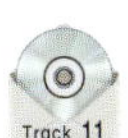 **Exercise** Ⅸ　CD를 듣고 그 정보를 바탕으로 빈칸을 채워 보세요.

会社から　のぞみデパートまで＿＿＿＿＿＿で＿＿＿＿＿＿ぐらい　かかります。
（かいしゃ）

Short Dialogue 

그린 씨는 카마쿠라에 가고 싶어 합니다.

グリーン　　すみません、この　電車は　鎌倉に　行きますか。

駅員　　　　いいえ、行きません。横須賀線に　乗ってください。

グリーン　　よこ—...何ですか。

駅員　　　　横須賀線です。地下　１階の　１番線ですよ。

グリーン　　ありがとうございます。

해석	
그린:	죄송한데, 이 전차는 카마쿠라에 갑니까?
역무원:	아니오, 가지않습니다. 요코스카선을 타 주세요.
그린:	요코-...뭐라고요?
역무원:	요코스카선입니다. 지하 1층의 1번선입니다.
그린:	감사합니다.

Translation	
Green:	Excuse me. Does this train go to Kamakura?
station employee:	No, it doesn't. Please take the Yokosuka Line.
Green:	Yoko— . . . what is that?
station employee:	The Yokosuka Line. It's platform no. 1 on the first underground floor.
Green:	Thank you.

Vocabulary

□ 駅員 역무원　　　　□ 横須賀線 요코스카선　　　　□ １番線 1번 선

❶ よこ—...何ですか。

▶ 단어 일부만 들리고, 한번 더 그 단어를 알려주길 바랄 경우, 들은 부분 뒤에 「何ですか」를 말하면 된다.

Active Communication

당신은 일본에 있습니다. 역 직원에게 당신
이 가고 싶은 장소에 가는 방법이나 소요 시
간을 물어 보세요.

LESSON 04

<ruby>美術館<rt>び じゅつかん</rt></ruby>で 미술관에서

AT AN ART MUSEUM

Target Dialogue  Track 13

장 씨와 나카무라 씨는 사쿠라 미술관에서 풍속화를 보고 있습니다. 두 사람은 미술관 직원에게 몇 가지 질문을 합니다.

中村（なかむら）	きれいな　浮世絵（うきよえ）ですね。
チャン	本当（ほんとう）に　きれいですね。
中村（なかむら）	すみません。浮世絵（うきよえ）の　写真（しゃしん）を　撮（と）っても いいですか。
美術館（びじゅつかん）の　人（ひと）	はい。
中村（なかむら）	あ、ここに　英語（えいご）の　パンフレットが　ありますよ。
チャン	そうですね。すみません。この　パンフレットを もらっても いいですか。
美術館（びじゅつかん）の　人（ひと）	はい、どうぞ。

◆ チャンさんは　さくら美術館（びじゅつかん）で　英語（えいご）の　パンフレットを もらいました。

Vocabulary

□ 浮世絵（うきよえ） 풍속화

□ パンフレット 팸플릿

□ 撮（と）っても いいですか 사진을 찍어도 됩니까?

해석

나카무라:	아름다운 풍속화네요.
장:	정말로 아름답네요.
나카무라:	저기요, 풍속화 사진을 찍어도 되나요?
박물관 직원:	네.
나카무라:	아 여기에 영어 팸플릿이 있어요.
장:	그렇군요. 저기요. 이 팸플릿 가져가도 되나요?
박물관 직원:	네. 가져가세요.

◆ 장 씨는 사쿠라 미술관에서 영어 팸플릿을 받았습니다.

Translation

Nakamura:	These are lovely ukiyoe prints, aren't they?
Chan:	They really are lovely, aren't they?
Nakamura:	Excuse me. Is it all right to take pictures of the ukiyoe prints?
museum employee:	Yes.
Nakamura:	Oh, here's an English-language pamphlet.
Chan:	You're right. Excuse me, is it all right to take this pamphlet?
museum employee:	Sure, go ahead.

◆ Ms. Chan received an English-language pamphlet.

Notes

❶ 写真を　撮っても　いいですか。

▶ 허가를 구할 때, 「동사て형＋も　いいですか」가 쓰인다. 허가 할 경우, 「はい、どうぞ」라고 하고, 허가하지 않을 때는 「すみませんが、ちょっと」라고 한다.

Track 14

Ⅰ. 동사

Ⅱ. 미술관 인포메이션 카운터에서 이용 가능한 것

1. 絵葉書 그림 엽서 (え は がき)

2. イヤホーンガイド 이어폰 가이드

3. パンフレット 팸플릿

4. カタログ 카달로그

◯ *Key Sentences*

1. この　絵の　写真を　撮っても　いいですか。
이 그림의 사진을 찍어도 됩니까?

2. この　ペンを　使っても　いいですか。
이 펜을 써도 됩니까?

◯ *Exercises*

 **Exercise I** 동사 활용연습 ▶ 아래의 동사를 읽고 て형을 외워 봅시다.

	ます형	て형
사용하다	使います	使って
(담배를) 피우다	吸います	吸って
들어가다	入ります	入って
쉬다	休みます	休んで

 **Exercise II** 허가받기 ▶ 예문과 같이 문장을 바꿔 보세요.

> **ex.** この　カタログを　もらいます。
> → この　カタログを　もらっても　いいですか。

1. 窓を　開けます。

→ ________________________________

2. この　イヤホーンガイドを　使います。

→ ________________________________

3. この　絵の　写真を　撮ります。

→ ________________________________

4. ここで　たばこを　吸います。

→ ________________________________

5. 明日　休みます。

→ ________________________________

 **Exercise III** 허가받기 ▶ 그림의 정보를 바탕으로 예문과 같이 대화문을 만들어 보세요.

ex. 鈴木　：この　資料の　コピーを　しても　いいですか。
　　加藤　：はい、どうぞ。

1. 鈴木　：＿＿＿＿＿＿＿＿＿＿＿＿＿＿＿＿＿＿＿＿＿＿＿＿＿＿＿＿

　　加藤　：＿＿＿＿＿＿＿＿＿＿＿＿＿＿＿＿＿＿＿＿＿＿＿＿＿＿＿＿

2. 鈴木　：＿＿＿＿＿＿＿＿＿＿＿＿＿＿＿＿＿＿＿＿＿＿＿＿＿＿＿＿

　　加藤　：＿＿＿＿＿＿＿＿＿＿＿＿＿＿＿＿＿＿＿＿＿＿＿＿＿＿＿＿

3. 鈴木　：＿＿＿＿＿＿＿＿＿＿＿＿＿＿＿＿＿＿＿＿＿＿＿＿＿＿＿＿

　　加藤　：＿＿＿＿＿＿＿＿＿＿＿＿＿＿＿＿＿＿＿＿＿＿＿＿＿＿＿＿

Vocabulary

□ お客さん　고객님

Exercise Ⅳ 허가 거절하기 ▶ 그림의 정보를 바탕으로 예문과 같이 대화문을 만들어 보세요.

> **ex.** スミス　　　：ここで　お菓子を　食べても　いいですか。
> お寺の　人：すみませんが、ちょっと…。

1. スミス　　　：＿＿＿＿＿＿＿＿＿＿＿＿＿＿＿＿＿＿＿＿＿＿

　　お寺の　人　：＿＿＿＿＿＿＿＿＿＿＿＿＿＿＿＿＿＿＿＿＿＿

2. スミス　　　：＿＿＿＿＿＿＿＿＿＿＿＿＿＿＿＿＿＿＿＿＿＿

　　お寺の　人　：＿＿＿＿＿＿＿＿＿＿＿＿＿＿＿＿＿＿＿＿＿＿

3. スミス　　　：＿＿＿＿＿＿＿＿＿＿＿＿＿＿＿＿＿＿＿＿＿＿

　　お寺の　人　：＿＿＿＿＿＿＿＿＿＿＿＿＿＿＿＿＿＿＿＿＿＿

 **Exercise** Ⅴ 가게에서 응대하기 ▶ 밑줄을 괄호의 단어로 바꿔서 예문과 같이 대화문을 만들어 보세요.

> **ex.** スミス　　：すみません、この　<u>テレビ</u>の　<u>カタログ</u>が　ありますか。
> 店の　人　：はい、これです。
> スミス　　：もらっても　いいですか。
> 店の　人　：はい、どうぞ。

1. スミス　：_______________________________________（旅館、パンフレット）

店の　人：_______________________________________

スミス　：_______________________________________

店の　人：_______________________________________

2. スミス　：_______________________________________（レストラン、カード）

店の　人：_______________________________________

スミス　：_______________________________________

店の　人：_______________________________________

Vocabulary

□カード 카드

Exercise Ⅵ 펜을 빌려달라고 허락을 구하기 ▶ 그림을 보고 일어난 일을 그대로 대화문으로 만들어 보세요.

1. 店の 人 ： _______________________________

2. スミス ： _______________________________

3. スミス ： _______________________________

4. 店の 人 ： _______________________________

5. スミス ： _______________________________

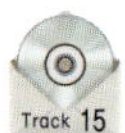 **Exercise VII** CD를 듣고, 그 정보를 바탕으로 빈칸을 채워 보세요.

スミスさんは＿＿＿＿＿＿＿から＿＿＿＿＿＿＿を　使^{つか}います。

Short Dialogues

1. 그린 씨는 아픈 친구의 병문안으로 병원에 왔습니다. 우선 면회 접수처로 갑니다.

受付^{うけつけ}　　ご住所^{じゅうしょ}と　お名前^{なまえ}を　書^かいてください。

グリーン　　ローマ字^じで　書^かいても　いいですか。

受付^{うけつけ}　　はい。

해석	
접수처:	주소와 이름을 적어주세요.
그린:	로마자로 적어도 괜찮나요?
접수처:	네.

Translation
receptionist: Please write your address and your name.
Green: May I write in Roman letters?
receptionist: Yes.

2. 그린 씨는 친구를 방문합니다.

グリーン　　ここに　荷物^{にもつ}を　置^おいても　いいですか。

友達^{ともだち}　　はい、どうぞ。

グリーン　　(잠시 이야기한 뒤에) すみません。お手洗^{てあら}いを　使^{つか}っても

　　　　　　いいですか。

友達^{ともだち}　　はい、どうぞ。

해석	
그린:	여기에 짐을 두어도 되나요?
친구:	네. 그러세요.
그린:	저기요. 화장실을 사용해도 될까요?
친구:	네, 그러세요.

Translation
Green: May I put my luggage here?
friend: Yes, please do.
Green: Excuse me. May I use your bathroom?
friend: Yes, go right ahead.

Vocabulary

□ ローマ字^じ 로마자　　　　　□ 置^おきます 둡니다

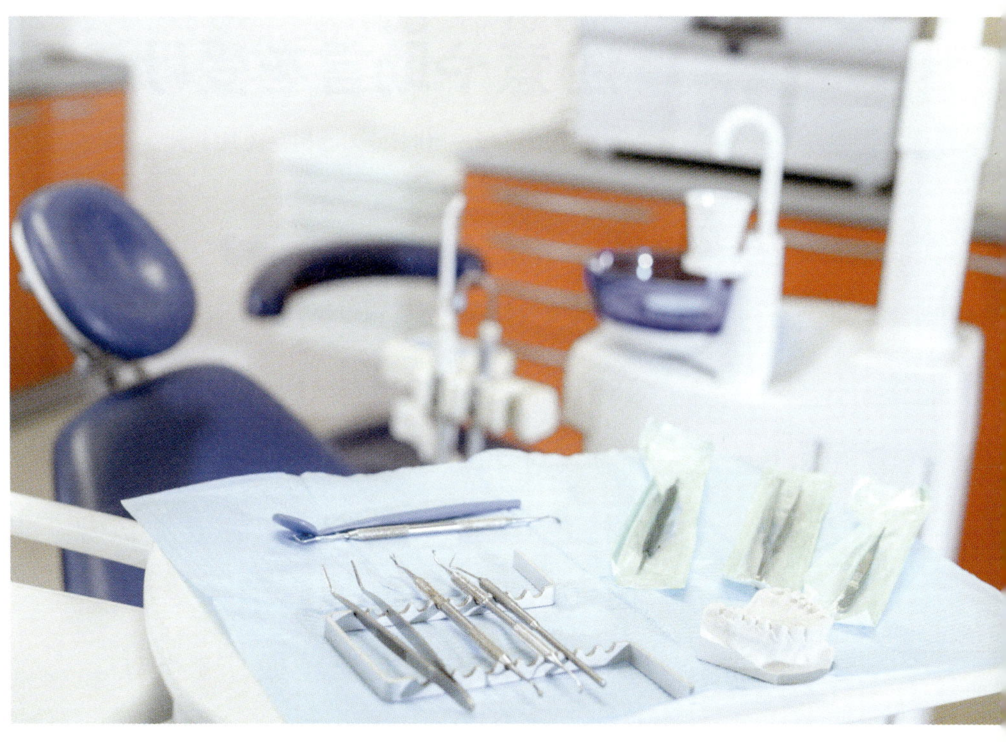

당신은 일본에 있습니다. 다양한 상점이나 공공기관에 가서 사진을 찍어도 되는지 묻습니다.

LESSON 05

注意や助言を受ける 주의나 조언을 받다
BEING WARNED OR ADVISE

Target Dialogue  Track 17

장 씨와 나카무라 씨는 미술관에서 후지산의 사진을 보고 있습니다.

チャン	この 富士山の 絵は とても きれいですね。
中村	そうですね。
チャン	中村さん、この 絵の 前で 私の 写真を 撮ってください。
中村	はい、分かりました。撮りますよ。

(플래쉬를 터뜨리며 사진을 찍는다)

美術館の 人	すみません、ここで フラッシュを 使わないで ください。
中村	すみません、分かりました。

◆ 中村さんは 富士山の 絵の 前で チャンさんの 写真を 撮りました。

Vocabulary

☐ 富士山 후지산　　　☐ 撮りますよ 찍을게요　　　☐ フラッシュ 플래쉬

☐ 使わないでください 사용하지 말아 주세요

해석

장:	이 후지산 그림은 정말 아름답네요.
나카무라:	그렇네요.
징:	나카무라 씨, 이 그림 앞에서 제 사진을 찍어주세요.
나카무라:	네 알겠습니다. 찍을게요.
미술관 직원:	죄송하지만 여기서 플래쉬를 사용하지 말아주세요.
나카무라:	죄송합니다. 알겠습니다.

◆ 나카무라 씨는 후지산 그림 앞에서 장 씨의 사진을 찍었습니다.

Translation

Chan:	This picture of Mt. Fuji is really lovely, isn't it?
Nakamura:	Yes, it is.
Chan:	Ms. Nakamura, please take a photograph of me in front of this picture.
Nakamura:	Okay, right. Are you ready?
museum employee:	Excuse me. Please don't use a flash here.
Nakamura:	I'm sorry, I understand.

◆ Ms. Nakamura took a photograph of Ms. Chan in front of a picture of Mt. Fuji.

Notes

❶ ここで　フラッシュを　使(つか)わないでください。

▶ "~하지 말아주세요(마세요)"라는 표현은 「동사＋ないで＋ください」로 만들면 된다. 이 표현은 무언가를 하지 않도록 부탁할 때나, 레스토랑 등에서 손님이 특정 재료를 사용하지 말아달라고 부탁할 때에도 쓰인다. 부드럽게 말하면서도 좀 더 강한 표현을 하기 위해, 왜 그것을 해서는 안 되는지 이유를 말한다.

예　砂糖(さとう)を入(い)れないでください。설탕을 넣지 말아주세요.

예　ここに　車(くるま)を　止(と)めないでください。出口(でぐち)ですから。
이곳에 차를 세우지 말아주세요. 입구니까요.

Practice
○ Word Power

Track 18

Ⅰ. ない형

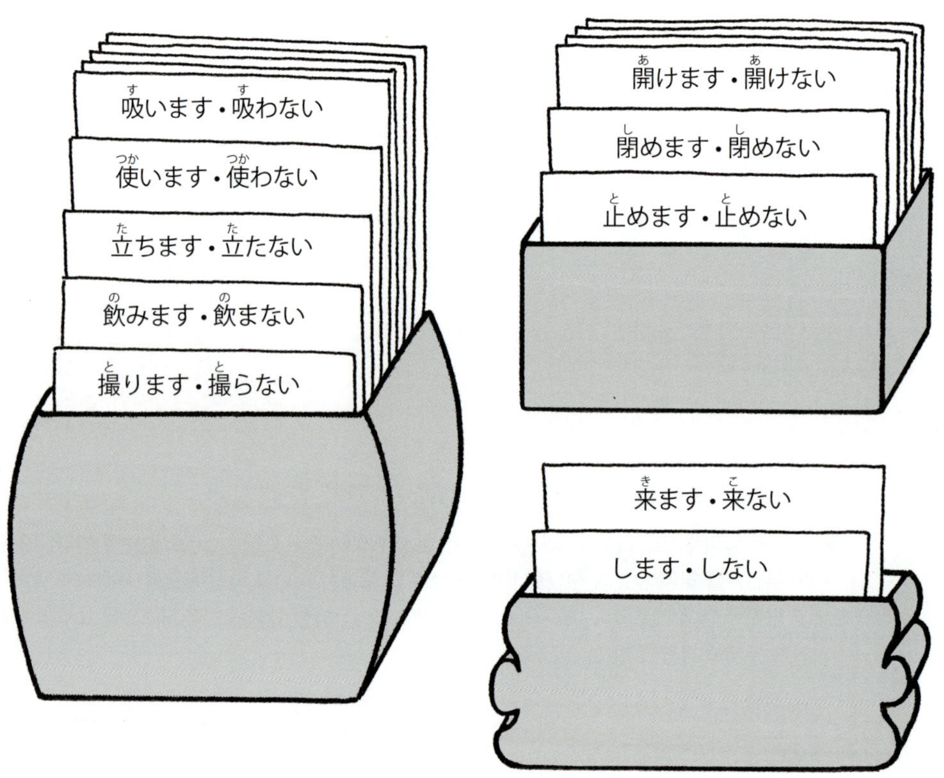

Vocabulary

□ 立ちます　섭니다

Ⅱ. 제한 사항

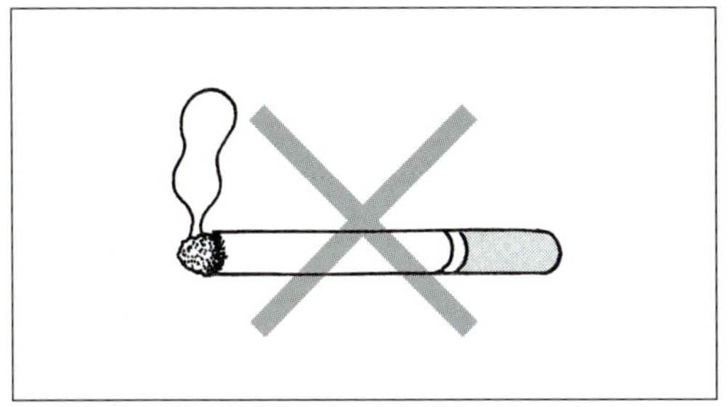

1. 禁煙（きんえん） 금연

2. 駐車禁止（ちゅうしゃきんし） 주차금지

◯ *Key Sentences*

1. ここは　入（い）り口（ぐち）ですから、車（くるま）を　止（と）めないでください。 여기는 입구니까 차를 세우지 말아주세요.

2. 寿司（すし）に　わさびを　入（い）れないでください。 초밥에 와사비를 넣지 말아주세요.

Vocabulary

□ わさび 와사비

□ 入（い）れます 넣다

○ *Exercises*

 **Exercise** Ⅰ 동사 활용연습 ▶ 아래의 동사를 읽고 ない형을 익혀 보세요.

1그룹		2그룹		3그룹	
ます형	ない형	ます형	ない형	ます형	ない형
会います	会わない	見せます	見せない	来ます	来ない
書きます	書かない	入れます	入れない	します	しない
消します	消さない	食べます	食べない		
立ちます	立たない	開けます	開けない		
飲みます	飲まない	閉めます	閉めない		
帰ります	帰らない	見ます	見ない		

 **Exercise** Ⅱ ない형 연습 ▶ 아래의 동사를 ない형으로 바꿔 보세요.

> *ex.* 会います → 会わない

1. 開けます → ______________________________

2. 閉めます → ______________________________

3. 撮ります → ______________________________

4. 買います → ______________________________

5. 読みます → ______________________________

6. 聞きます → ______________________________

 **Exercise Ⅲ** 금지표현 ▶그림을 보고 예문과 같이 문장을 만들어 보세요.

ex. 窓を　開けます　→　窓を　開けないでください。

1. 写真を　撮ります　　→ _______________________________

2. ドアを　閉めます　　→ _______________________________

3. 電気を　消します　　→ _______________________________

4. 車を　止めます　　　→ _______________________________

 **Exercise Ⅳ** 상대의 행동을 금지하고 그 이유를 말하세요.

ex. ここは　入り口ですから、車を　止めないでください。

1. _______________________________ (出口です)

2. _______________________________ (店の　前です)

3. _______________________________ (駐車禁止です)

Vocabulary

□ 出口 출구

 **Exercise** Ⅴ 밑줄을 괄호의 단어로 바꿔 예문과 같이 대화문을 만들어 보세요.

A. 담배를 피지 않도록 주의를 주세요.

> **ex.** チャン　：すみません、<u>この　電車は　禁煙</u>ですから、たばこを
> 　　　　　吸わないでください。
> 　　　　男の　人：はい、分かりました。すみません。

1. チャン　：＿＿＿＿＿＿＿＿＿＿＿＿＿＿＿＿＿＿＿＿＿＿＿＿

　　　　　　　　　　　　　　　　　　　（この　レストランは　禁煙です）

　　男の人　：＿＿＿＿＿＿＿＿＿＿＿＿＿＿＿＿＿＿＿＿＿＿＿＿

2. チャン　：＿＿＿＿＿＿＿＿＿＿＿＿＿＿＿＿＿＿＿＿＿＿＿＿

　　　　　　　　　　　　　　　　　　　　　　　（赤ちゃんが　います）

　　男の人　：＿＿＿＿＿＿＿＿＿＿＿＿＿＿＿＿＿＿＿＿＿＿＿＿

B. 레스토랑에서 주문하면서 특정 재료를 사용하지 않도록 부탁해 보세요.

> **ex.** チャン　　：すみません、<u>ハンバーガー</u>を　お願いします。
> 　　　　店の　人：はい。
> 　　　　チャン　　：すみませんが、<u>ケチャップ</u>を　入れないでください。
> 　　　　店の　人：はい、分かりました。

1. チャン　：＿＿＿＿＿＿＿＿＿＿＿＿＿＿＿＿＿（寿司）

　　店の　人：＿＿＿＿＿＿＿＿＿＿＿＿＿＿＿＿＿＿＿＿＿＿＿

　　チャン　：＿＿＿＿＿＿＿＿＿＿＿＿＿＿＿＿＿（わさび）

　　店の　人：＿＿＿＿＿＿＿＿＿＿＿＿＿＿＿＿＿＿＿＿＿＿＿

Vocabulary

□赤ちゃん 아기　　　　　□ハンバーガー 햄버거　　　　　□ケチャップ 케첩

2. チャン　　：_______________________________________（サンドイッチ）

　　店<ruby>みせ</ruby>の　人<ruby>ひと</ruby>：_______________________________________

　　チャン　　：_______________________________________（マヨネーズ）

　　店<ruby>みせ</ruby>の　人<ruby>ひと</ruby>：_______________________________________

3. チャン　　：_______________________________________（アイスコーヒー）

　　店<ruby>みせ</ruby>の　人<ruby>ひと</ruby>：_______________________________________

　　チャン　　：_______________________________________（砂糖<ruby>さとう</ruby>)

　　店<ruby>みせ</ruby>の　人<ruby>ひと</ruby>：_______________________________________

Exercise Ⅵ　CD를 듣고, 그 정보를 바탕으로 빈칸을 채워 보세요.

午後<ruby>ごご</ruby>から_______________で_______________が　あります。

Vocabulary

□マヨネーズ 마요네즈　　　　□アイスコーヒー 아이스커피　　　□砂糖<ruby>さとう</ruby> 설탕

Short Dialogues　Track 20

1. 스미스 씨는 사사키 씨의 집에서 취해서, 깨끗한 카페트에 레드 와인을 쏟아 버렸습니다. 다음 날, 직장에서 사과합니다.

スミス　　佐々木さん、昨日は　すみませんでした。

佐々木　　いいえ、どうぞ　気に　しないでください。

해석	Translation
스미스: 사사키 씨, 어제는 죄송했습니다. 사사키: 아니에요. 신경쓰지 마세요.	Smith: Ms. Sasaki, I'm so sorry about yesterday. Sasaki: No, please don't let it bother you.

2. 스미스 씨는 위가 아파서 병원에 갑니다.

医者　　今日は　お酒を　飲まないでください。

スミス　　はい、分かりました。

해석	Translation
의사: 오늘은 술을 마시지 마세요. 스미스: 네, 알겠습니다.	Doctor: Don't drink any alcohol today. Smith: Ok, I understand.

Vocabulary

□ 気に　しないでください 신경 쓰지 마세요.　　　　　□ 医者 의사

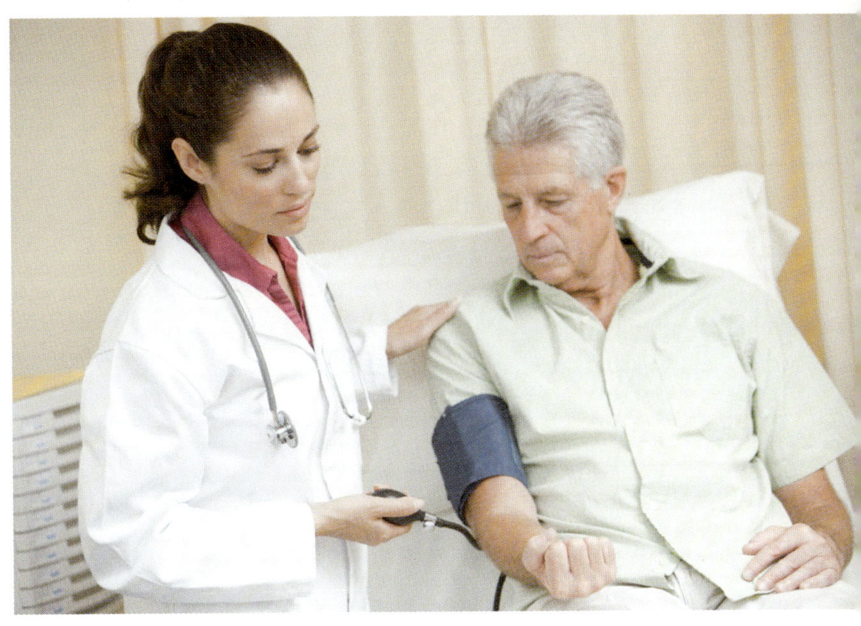

○ *Active Communication*

다음 상황에서 당신은 뭐라고 말합니까?

1. 낯선 사람이 집앞에 주차하려고 합니다.

2. 당신 옆에 있는 사람이 신칸센 금연칸에서 담배에 불을 붙입니다.

일본 회사에는 높은 파티션이나, 개인용 부스가 없는 것이 눈에 띕니다. 대부분의 사무실은 개방적이고 책상은 마주 보게 배치되어있어서 사원 간의 소통이 용이하게 되어있습니다. 또한 천문학적 액수로 치솟은 일본의 토지 가격을 생각하면 이 배치는 공간을 유용하게 이용하는데도 한몫하고 있습니다. 이런 형태의 사무실의 또 다른 특징은 사원의 서열을 확실히 알 수 있다는 점입니다. 모든 자리를 볼 수 있는 곳에 사무실의 책임자가 앉고, 차례로 아래 계급의 사람들이 앞에 앉습니다. 하지만 최근에는 업무 효율과 환경미화 등을 고려해 기존의 사무실 구조를 변경하는 추세입니다.

학습 목표

- 지금 무엇을 하고 있는지에 대해 묻거나 이야기한다
- 행위가 완료되었는지 아닌지에 대해 묻거나 이야기한다
- 살고 있는 장소나 근무지에 대해 말한다
- 어떤 정보를 알고 있는지에 대해 말한다
- 찾고 있는 물건이 어디에서 팔고 있는지에 대해 말한다

UNIT3

AT THE OFFICE

職場<ruby>しょくば</ruby>で　직장에서

〈UNIT3〉의 회화장면은 직장에서 벌어지는 상황에 대한 내용들로 이루어져있습니다. 실제 업무에서 많이 사용하는 표현들을 익힐 수 있습니다. 일의 순서를 나타내는 표현과 부탁, 지시에 관한 표현을 다루고 있습니다.

❶ 사람 は　동사 −ています

예　グレイさんは　今　会議室で　レポートを　読んでいます。
그레이 씨는 지금 회의실에서 보고서를 읽고 있습니다.

예　グレイさんは　毎週　土曜日に　テニスを　しています。
그레이 씨는 매주 토요일에 테니스를 치고 있습니다.

▶ 동사의 「て형」에 「います」가 붙으면 첫번째 예문처럼 현재진행의 동작을 나타내거나, 두번째 예문처럼 「毎週」나 「毎日」같은 부사를 수반하여 습관적 행동을 나타낸다.

❷ 사람 は　동사 −ています

예　グレイさんは　横浜に　住んでいます。　그레이 씨는 요코하마에 살고 있습니다.

예　グレイさんは　銀行に　勤めています。　그레이 씨는 은행에 근무하고 있습니다.

예　あの　店で　テレビを　売っています。　저 가게에서 텔레비전을 팔고 있습니다.

예　グレイさんは　吉田さんの　住所を　知っています。
그레이 씨는 요시다 씨의 주소를 알고 있습니다.

▶ 「ています」는 「住みます(삽니다)」, 「勤めます(근무합니다)」, 「売ります(팝니다)」, 「知ります(압니다)」 와 같은 동사가 쓰일 경우 현재 상태를 나타낸다.

주석 : 「知ります(압니다)」는 「知っています」의 형태로 자주 쓰인다. 그러나 「知っていますか(알고 있습니까?)」라는 질문에 대답할 경우에는 알고 있을 경우 「知っています」, 모를 경우에는 「知りません」이라고 대답한다.

예　(긍정) はい、知っています。　네, 알고 있습니다.

예　(부정) いいえ、知りません。　아니오, 모릅니다.

UNIT 3

LESSON 06

<ruby>仕事中<rt>しごとちゅう</rt></ruby> 업무중

BUSY AT THE MOMENT

Target Dialogue

Track 21

스미스 씨는 장 씨를 찾고 있습니다.
영업부 사무실에 들어가서 스즈키 씨에게 장 씨가 어디에 있는지 묻습니다.

スミス	すみません。チャンさんは　いますか。
鈴木	いいえ。今　3階の　会議室に　います。
スミス	そうですか。
鈴木	今、のぞみデパートの　高橋さんに　新しい　商品の　説明を　しています。
スミス	そうですか。分かりました。どうも。

◆ スミスさんは　営業部に　行きましたが、チャンさんは
いませんでした。

Vocabulary

□ 説明を します 설명을 합니다　　　□ 営業部 영업부

해석

스미스:	실례합니다. 장 씨 계십니까?
스즈키:	아니오. 지금 3층 회의실에 있습니다.
스미스:	그렇습니까?
스즈키:	지금 노조미 백화점의 다카하시 씨에게 새로운 상품의 설명을 하고 있습니다.
스미스:	그렇습니까? 알겠습니다. 감사합니다.

◆ 스미스 씨는 영업부에 갔지만, 장 씨는 없었습니다.

Translation

Smith:	Excuse me. Is Ms. Chan here?
Suzuki:	No, she's in the conference room on the third floor.
Smith:	Is that so?
Suzuki:	Yes, she's explaining new products to Mr. Takahashi of Nozomi Department Store.
Smith:	Is that so? I see. Thanks.

◆ Mr. Smith went to the sales department office (to look for Ms. Chan), but Ms. Chan was not there.

Notes

❶ スミスさんは　営業部に　いきました**が**、
チャンさんは　いませんでした。

▶ 「が」는 두 개의 문장을 잇는 접속사의 일종이다. '그러나'라고 해석된다.

Practice
Word Power

Ⅰ. 동사:

1. 話を　します
이야기를 합니다

2. 説明を　します
설명을 합니다

3. 掃除を　します
청소를 합니다

4. 作ります
만듭니다

Ⅱ. 빌딩 내부

1. ロビー　로비
3. エスカレーター　에스컬레이터

2. エレベーター　엘리베이터
4. 階段　계단

○ *Key Sentences*

1. スミスさんは　今　新聞を　読んでいます。 스미스 씨는 지금 신문을 읽고 있습니다.

2. もう　会議の　レポートを　書きましたか。 벌써 회의 보고서를 썼습니까?

3. スミスさんは　高橋さんの　家に　行きましたが、高橋さんは　家に　いませんでした。
스미스 씨는 다카하시 씨의 집에 갔지만, 다카하시 씨는 집에 없었습니다.

○ *Exercises*

 **Exercise I**　동사 활용 연습 ▶ 아래의 동사를 읽고 긍정형, 부정형을 익혀 보세요.

	ます형	ています형	
		긍정형	부정형
말하다	話を　します	話を　しています	話を　していません
설명하다	説明を　します	説明を　しています	説明を　していません
청소하다	掃除を　します	掃除を　しています	掃除を　していません
만들다	作ります	作っています	作っていません

 **Exercise II**　무엇을 하고 있는지 말하기 ▶ 예문과 같이 문장을 만들어 보세요.

> *ex.*　スミスさんは　新聞を　読みます。
> →スミスさんは　新聞を　読んでいます。

1. スミスさんは　掃除を　します。

→ ________________________________

2. スミスさんは　手紙を　書きます。

→ ________________________________

3. スミスさんは　コピーを　します。

→ ________________________________

Vocabulary

□ もう　벌써, 이미

4. スミスさんは　高橋さんと　話を　します。

→ ____

5. スミスさんは　料理を　作ります。

→ ____

Exercise Ⅲ 그림의 상황을 바탕으로 예문과 같이 대화문을 만들어 보세요.

A. 지금 무엇을 하고 있는지 묻고 답해 보세요.

> *ex.1* A：グリーンさんは　今　何を　していますか。
> 　　　 B：電話を　しています。

1. A: ____

　　 B: ____

2. A: ____

　　 B: ____

3. A: ____

    B: ____

4. A: ____

    B: ____

5. A: ____

    B: ____

6. A: ____

    B: ____

B. 지금 무엇을 하고 있는지에 대한 질문에 대답해 보세요.

> *ex.* A：加藤さんは　今　レポートを　書いていますか。
> B：いいえ、会議室で　説明を　しています。

1. A: 佐々木さんは　今　会議を　していますか。

    B: ____

2. A: 中村さんは　今　電話を　していますか。

    B: ____

3. A: チャンさんは　今　佐々木さんと　話を　していますか。

    B: ____

Exercise Ⅳ 완료된 행동 묻기 ▶ 밑줄을 괄호의 단어로 바꿔 예문과 같이 활용형으로 만들어 보세요.

> *ex.* A：もう　昼ご飯を　食べましたか。
> B：はい、食べました。

1. A: ________________________　（旅行の　写真、見ます）

  B: ________________________　（見ます）

2. A: ________________________　（会議の　レポート、書きます）

  B: ________________________　（書きます）

Exercise Ⅴ 두 개의 문장 잇기 ▶ 예문과 같이 각각의 문장을 하나로 만들어 보세요.

> *ex.* 私は　高橋さんの　家に　行きました。
> 高橋さんは　家に　いませんでした。
> → 私は　高橋さんの　家に　行きましたが、
> 高橋さんは　家に　いませんでした。

1. 私は　営業部の　チャンさんに　電話を　しました。チャンさんは　いませんでした。

  → ________________________

2. 私は　昨日　デパートに　行きました。デパートは　休みでした。

  → ________________________

Exercise Ⅵ　예문과 같이 밑줄을 괄호의 단어로 바꿔 활용형으로 만들어 보세요.

A. 상대에게 무언가를 하고 있는 도중이라고 설명해 보세요.

> *ex.*　加藤　：もう　<u>コピーを　しました</u>か。
> 　　　　鈴木　：すみません、今　<u>しています</u>から、ちょっと　待ってください。
> 　　　　加藤　：はい。

1.　加藤　：＿＿＿＿＿＿＿＿＿＿＿＿＿＿＿＿＿＿＿＿　（メール、読みます）

　　　鈴木　：＿＿＿＿＿＿＿＿＿＿＿＿＿＿＿＿＿＿＿＿　（読みます）

　　　加藤　：＿＿＿＿＿＿＿＿＿＿＿＿＿＿＿＿＿＿＿＿

2.　加藤　：＿＿＿＿＿＿＿＿＿＿＿＿＿＿＿＿＿＿＿＿　（会議の　資料、作ります）

　　　鈴木　：＿＿＿＿＿＿＿＿＿＿＿＿＿＿＿＿＿＿＿＿　（作ります）

　　　加藤　：＿＿＿＿＿＿＿＿＿＿＿＿＿＿＿＿＿＿＿＿

B. 걸려온 전화에 지금은 곤란하다고 이야기해 보세요.

> *ex.*　스미스 씨는 친구 야마다의 전화를 받았습니다. 하지만 회의 중이기 때문에 조용히 대답합니다.
>
> 　　山田　　：もしもし、スミスさんですか。
> 　　スミス　：はい。
> 　　山田　　：山田です。
> 　　スミス　：山田さん、すみませんが、今　<u>会議を　しています</u>。
> 　　山田　　：じゃ、また　後で　電話を　します。
> 　　スミス　：お願いします。

1.　山田　：＿＿＿＿＿＿＿＿＿＿＿＿＿＿＿＿＿＿＿＿

　　　スミス：＿＿＿＿＿＿＿＿＿＿＿＿＿＿＿＿＿＿＿＿

　　　山田　：＿＿＿＿＿＿＿＿＿＿＿＿＿＿＿＿＿＿＿＿

　　　スミス：＿＿＿＿＿＿＿＿＿＿＿＿＿＿＿＿＿＿＿＿
　　　　　　　　　　　　　　　　　　（お客さんと　話を　します）

Vocabulary

□また　後で　다음에 다시

山田　：　________________

スミス：　________________

2. 山田　：　________________

スミス：　________________

山田　：　________________

スミス：　________________

（日本語の　学校で　勉強を　します）

山田　：　________________

スミス：　________________

 **Exercise Ⅶ**　CD를 듣고, 질문에 맞는 답을 선택해 보세요.

a) 　　b) 　　c) 

 **Short Dialogues**　

1. 사사키 씨는 장 씨의 홋카이도 출장 보고서를 기다리고 있습니다.

佐々木　　チャンさん、レポートは　もう　書きましたか。

チャン　　すみません、まだです。もう少し　待ってください。

해석	Translation
사사키:　장 씨, 보고서는 다 썼습니까? 장:　죄송합니다, 아직입니다. 　조금 더 기다려 주세요.	Sasaki:　Ms. Chan, have you already written the report? Chan:　I'm sorry. Not yet. 　Please wait a bit more.

Vocabulary

□ まだ 아직　　　　　　　　□ もう少し 조금 더

2. 스즈키 씨는 빈 방을 찾고 있습니다.

鈴木 すみません。

3階の 会議室を 使っても いいですか。

中村 ええ。今 誰も 使っていませんから、どうぞ。

스즈키: 실례합니다.
3층 회의실을 사용해도 괜찮습니까?
나카무라: 네. 지금 아무도 쓰고 있지 않으니까 쓰세요.

Suzuki: Excuse me. Is it all right to use the conference room on the third floor?
Nakamura: Yes, since no one is using it now. Go right ahead.

Notes

❶ レポートは...

▶ 「書く」는 타동사로 「レポート」는 목적어가 되지만, 사사키 씨는 「レポート」를 이야기의 주제로 꺼내고 있기 때문에 목적격 조사 「を」 대신 「は」를 쓰고 있다.

❷ レポートは もう 書きましたか。

▶ 「もう」와 함께 문장 끝에 「~ました」가 사용되면 과거이면서 동시에 완료의 의미를 나타낸다.

◐ *Active Communication*

당신은 지금 빠질 수 없는 회의나 행사에 참석 중입니다. 그 때 휴대폰이 울렸습니다. 전화의 상대에게 지금 왜 전화를 받기가 곤란한지 일본어로 설명 해 보세요.

LESSON 07

と　あ　　　　　こた
問い合わせに答える 문의에 답하다
RESPONDING TO AN INQUIRY

Target Dialogue

Track 25

나고야에서 온 손님이 ABC푸드의 신상품에 대해 묻고 있습니다.

チャン　　　　はい、ＡＢＣフーズでございます。

きゃく
客　　　　　すみません、ＡＢＣフーズの　新しい　チョコレートは
あたら
　　　　　　どこで　売っていますか。
う

チャン　　　　「ショコラショコラ」ですか。

きゃく
客　　　　　ええ、そうです。

チャン　　　　東京の　スーパーと　コンビニで　売っています。
とうきょう　　　　　　　　　　　　　　　　う

きゃく
客　　　　　私は　名古屋に　住んでいます。名古屋でも　売っていますか。
わたし　なごや　　　　　　　　　　なごや　　う

チャン　　　　いいえ、名古屋では　売っていません。
なごや　　う
　　　　　　もうしわけございません。

きゃく
客　　　　　そうですか。分かりました。
わ

チャン　　　　大変　もうしわけございません。
たいへん

◆　ＡＢＣフーズの　「ショコラショコラ」は　東京の　スーパーと
とうきょう
　　コンビニで　売っています。
う

Vocabulary

□ 売ります 팝니다
う

□ 住みます 삽니다
す

□ 大変 정말, 대단히
たいへん

□ ショコラショコラ 쇼콜라 쇼콜라 (상품명)　□ 名古屋 나고야 (지명)
なごや

□ もうしわけございません 죄송합니다

해석

장: 네, ABC 푸드입니다.
손님: 실례합니다. ABC 푸드의 새 초콜릿은 어디서 팔고 있습니까?
장: '쇼콜라 쇼콜라' 말씀이신가요?
손님: 네, 그렇습니다.
장: 도쿄의 슈퍼와 편의점에서 팔고 있습니다.
손님: 저는 나고야에 살고 있습니다. 나고야에서도 팔고 있습니까?
장: 아니오, 나고야에서는 팔고 있지 않습니다. 죄송합니다.
손님: 그렇습니까. 알겠습니다.
장: 정말 죄송합니다.

◆ ABC 푸드의 "쇼콜라 쇼콜라"는 도쿄의 슈퍼와 편의점에서 팔고 있습니다.

Translation

Chan: Yes, this is ABC Foods.
customer: Excuse me, about ABC Foods' new chocolates—where do you sell them?
Chan Do you mean "Chocolat-Chocolat"?
customer: Yes, that's right.
Chan: We sell them at supermarkets and convenience stores in Tokyo.
customer: I live in Nagoya. Do you sell them in Nagoya?
Chan: No, we do not sell them in Nagoya. I'm sorry to have to tell you this.
customer: Is that so? I see.
Chan: I'm really very sorry.

◆ As for Chocolat-Chocolat, ABC Foods sells it in supermarkets and convenience stores in Tokyo.

Notes

❶ ＡＢＣフーズの　新しい　チョコレートは　どこで　売っていますか。

▶ 「チョコレート」는 목적어이지만 여기서는 주어가 되어 조사 「を」 대신 「は」가 쓰이고 있다.

❷ 私は　名古屋に　住んでいます。

▶ 조사 「に」는 시간, 장소 등의 체언 뒤에 붙으며 '~에'라는 뜻이다.

❸ 名古屋でも　売っていますか。
いいえ、名古屋では　売っていません。

▶ 「でも」와 「では」에서 각 조사의 위치에 주목해보자, 장씨의 답변에서 '나고야'가 주제이기 때문에 조사 「で」의 뒤에 주격조사 「は」가 붙었다. 조사 「で」의 뒤에 조사 「も」나 「は」가 오는 것처럼, 어떤 조사가 다른 조사 뒤에 오는 경우가 있다. 하지만 「も」나 「は」는 조사 「か」나 「を」 뒤에는 붙지 않는다. 또한 조사 「も」와 「は」를 동시에 쓸 수 없다.

Practice

Word Power

Track 26

Ⅰ. 동사 :

1.住んで います	2.勤めて います	3.知って います	4.売って います
살고 있습니다	근무하고 있습니다	알고 있습니다	팔고 있습니다

Ⅱ. 가족 :

	화자의 가족일 경우	남의 가족일 경우
아이	子供	お子さん
아들	息子	息子さん
딸	娘	おじょうさん / 娘さん
형/오빠	兄	お兄さん
누나/언니	姉	お姉さん
남동생	弟	弟 さん
여동생	妹	妹 さん

Key Sentences

1. 高橋さんは　横浜に　住んでいます。 다카하시 씨는 요코하마에 살고 있습니다.

2. スミスさんは　ＡＢＣフーズに　勤めています。 스미스 씨는 ABC 후드에 근무하고 있습니다.

3. スミスさんは　伊藤さんを　知っています。 스미스 씨는 이토 씨를 알고 있습니다.

4. コンビニで　コンサートの　きっぷを　売っています。 편의점에서 콘서트 티켓을 팔고 있습니다.

Vocabulary

□ 伊藤 이토 (성 씨)

 **Exercises**

Exercise I 동사 활용 연습 ▶아래의 동사를 읽고 긍정형, 부정형을 익혀 보세요.

	ます형	ています형	
		긍정형	부정형
살다	住みます	住んでいます	住んでいません
근무하다	勤めます	勤めています	勤めていません
알다	*	知っています	知りません **
팔다	売ります	売っています	売っていません

＊知りますという 형태의 현재 긍정형은 거의 쓰이지 않는다.

＊＊「～ています」형의 부정형은「知っていません」이지만, 이 형태는 쓰이지 않는다.

Exercise II 사는 곳 말하기 ▶ 밑줄을 괄호의 단어로 바꿔 예문과 같이 문장을 만들어 보세요.

ex. 山本さんは　京都に　住んでいます。

1. ____ （グリーンさん、渋谷）

2. ____ （中村さん、新宿）

Exercise Ⅲ 사는 곳 묻고 답하기 ▶ 밑줄을 괄호의 단어로 바꿔 예문과 같이 문장을 만들어 봅시다 .

ex. A：高橋さんは　どこに　住んでいますか。
B：横浜に　住んでいます。

1. A: ＿＿＿＿＿＿＿＿＿＿＿＿＿＿＿＿＿＿（山田さん）

B: ＿＿＿＿＿＿＿＿＿＿＿＿＿＿＿＿＿＿（渋谷）

2. A: ＿＿＿＿＿＿＿＿＿＿＿＿＿＿＿＿＿＿（ホワイトさん）

B: ＿＿＿＿＿＿＿＿＿＿＿＿＿＿＿＿＿＿（六本木）

Exercise Ⅳ 근무하고 있는 장소 말하기 ▶ 밑줄을 괄호의 단어로 바꿔 예문과 같이 문장을 만들어 보세요.

ex. 高橋さんは　デパートに　勤めています。

1. ＿＿＿＿＿＿＿＿＿＿＿＿＿＿＿＿＿＿（山田さん、銀行）

2. ＿＿＿＿＿＿＿＿＿＿＿＿＿＿＿＿＿＿（スミスさん、ＡＢＣフーズ）

Exercise Ⅴ 근무하고 있는 장소 묻고 답하기 ▶ 밑줄을 괄호의 단어로 바꿔 예문과 같이 문장을 만들어 보세요.

ex. 山田　：ブラウンさんは　どこに　勤めていますか。
スミス：ロンドン銀行に　勤めて　います。

1. 山田　：＿＿＿＿＿＿＿＿＿＿＿＿＿＿（ホワイトさん）

スミス：＿＿＿＿＿＿＿＿＿＿＿＿＿＿（ＪＢＰジャパン）

2. 山田　：＿＿＿＿＿＿＿＿＿＿＿＿＿＿（鈴木さんの　お兄さん）

スミス：＿＿＿＿＿＿＿＿＿＿＿＿＿＿（旅行会社）

Vocabulary

□ ＪＢＰジャパン JBP 재팬 (가상의 회사명)

Exercise Ⅵ 사는 곳과 근무 장소 말하기 ▶표의 정보를 바탕으로 예문과 같이 문장을 만들어 보세요.

	인물	사는 곳	근무 장소
ex.	安藤さん	品川	ＪＢＰジャパン
1.	グリーンさん	渋谷	ＡＢＣフーズ
2.	中村さんの　妹さん	札幌	銀行
3.	チャンさんの　お姉さん	ホンコン	デパート

ex.　安藤さんは　品川に　住んでいます。
　　　そして、ＪＢＰジャパンに　勤めています。

1.

2.

3.

Exercise Ⅶ 밑줄을 괄호의 단어로 바꿔 예문과 같이 대화문을 만들어 보세요.

A. 상대방이　어떤 인물을 알고 있는지 확인해 보세요.

ex.　A：佐々木さんを　知っていますか。
　　　B：はい、知っています。

1. A: ________________________________ （ブラウンさん）

　　 B: はい、________________________________

Vocabulary

□ 安藤 안도 (성 씨)　　　　　□ 品川 시나가와 (지명)　　　　　□ そして 그리고

2. A: ____ （高橋さんの　住所）

B: はい、____

B. 상대방의 질문에 모른다고 답해 보세요.

> *ex.*　A：<u>ホワイトさん</u>を　知っていますか。
> 　　　B：いいえ、知りません。

1. A: ____ （チャンさんの　メールアドレス）

B: いいえ、____

2. A: ____ （鈴木さんの　電話番号）

B: いいえ、____

Exercise Ⅷ　팩스 번호 묻고 답하기 ▶ 표의 정보를 바탕으로 예문과 같이 대화문을 만들어 보세요.

	레스토랑 도쿄 팩스 번호	레스토랑 도쿄 주소	삿포로 지사 팩스 번호
鈴木	*ex.* はい	*1.* はい	*2.* いいえ

> *ex.*　スミス：レストラン東京の　ファックスの　番号を　知っていますか。
> 　　　鈴木　：はい、知っています。

1. スミス　：____

鈴木　：____

2. スミス　：____

鈴木　：____

Vocabulary

□ レストラン東京 레스토랑 도쿄 (가상의 점포명)

Exercise Ⅸ 상품을 파는 곳 묻기 ▶ 밑줄을 괄호의 단어로 바꿔 예문과 같이 대화문을 만들어 보세요.

> **ex.**　A：コンサートの　きっぷは　どこで　売っていますか。
> 　　　B：コンビニで　売っています。

1. A: _______________________________（デジカメ）

　 B: _______________________________（のぞみデパート）

2. A: _______________________________（薬）

　 B: _______________________________（あの　店）

Exercise Ⅹ 밑줄을 괄호의 단어로 바꿔 예문과 같이 대화문을 만들어 보세요.

A. 상대방이 알고 있는지 확인해 보세요.

> **ex.**　ホフマン：ＡＢＣフーズの　新しい　お菓子を　知っていますか。
> 　　松井　　：ええ、知っています。
> 　　ホフマン：どこで　売っていますか。
> 　　松井　　：銀座の　デパートで　売っています。

1. ホフマン　：_______________________________
　　　　　　　　　　　　　（富士コンピューターの　新しい　ゲーム）

　 松井　　：_______________________________

　 ホフマン：_______________________________

　 松井　　：_______________________________（新宿の　電気屋）

2. ホフマン　：_______________________________（メープルシロップ）

　 松井　　：_______________________________

　 ホフマン：_______________________________

　 松井　　：_______________________________（スーパー）

Vocabulary

□ 富士 コンピューター 후지 컴퓨터(가상의 회사명)　　□ 電気屋 전파상
□ メープルシロップ 메이플 시럽

B. 특정 인물에 대해 이야기해 보세요.

ex. 스미스 씨는 파티에서 처음 보는 여러 사람들과 처음 만났습니다.

スミス：安藤さん、お仕事は　何ですか。

安藤　：エンジニアです。ＪＢＰジャパンに　勤めています。

スミス：そうですか。じゃ、横浜支社の　伊藤さんを　知っていますか。

安藤　：ええ、知っています。

1. スミス　：____

小島　：____（秘書）

スミス　：____

（大阪支社の　山下さん）

小島　：____

2. スミス　：____

小林　：____（弁護士）

スミス　：____

（ホンコン支社の　ワンさん）

小林　：____

Vocabulary

□ 小島 고지마 (성 씨)　　　　□ 山下 야마시타 (성 씨)　　　　□ 小林 고바야시 (성 씨)
□ ホンコン支社 홍콩지사　　□ ワン 왕 (중국의 성 씨)

C. 특정 인물의 전화번호나 이메일 주소를 알고 있는지 물어 보세요.

> *ex.* スミス ：ＪＢＰジャパンの　伊藤さんを　知っていますか。
> 中村　　：はい、知っています。
> スミス ：じゃ、伊藤さんの　電話番号を　知っていますか。
> 中村　　：いいえ、知りません。

1. スミス　：_______________________________________（ワンさん）

中村　　：_______________________________________

スミス　：_______________________________________
　　　　　　　　　　　　　　　　（ワンさんの　メールアドレス）

中村　　：_______________________________________

2. スミス　：_______________________________________（安藤さん）

中村　　：_______________________________________

スミス　：_______________________________________
　　　　　　　　　　　　（安藤さんの　携帯の　番号）

中村　　：_______________________________________

Exercise XI　CD를 듣고 정보를 바탕으로 질문에 대답해 보세요.

Short Dialogue

Track 28

스미스 씨는 스시마사라는 초밥집에 예약을 하고 싶지만, 그 가게 전화번호를 모릅니다.

スミス　　すみません。

寿司まさの　電話番号を　知っていますか。

中村　　さあ、分かりません。鈴木さんに　聞いてください。

해석

스미스:　실례합니다.
　　　　스시마사의 전화번호를 알고 있습니까?
나카무라:　글쎄요, 모르겠네요.
　　　　스즈키 씨에게 물어봐 주세요.

Translation

Smith:　Excuse me. Do you know the phone number for Sushimasa?
Nakamura:　Actually, I don't. Please ask Mr. Suzuki.

Vocabulary

□ 寿司まさ　스시마사 (가상의 점포명)　　□ さあ　글쎄요

○ *Active Communication*

1. 처음으로 일본인을 만났습니다. 자신이 어디에 사는지, 어디에서 근무하고 있는지 알려 주세요. 그리고 상대방에게도 똑같이 질문해 보세요.

2. 당신은 지금 일본에 있습니다. 찾고 있는 상품이 일본에서 팔고 있는지 물어보세요.

일본인은 근면합니다. 남성은 일에, 여성은 가정에 집중한다고 세계적으로도 정평이 나있습니다. 일본인은 근면하면서도 굉장히 사교적이기도 해서 다양한 이벤트, 특히 계절 행사를 좋아합니다. 봄에는 벚꽃 구경, 가을에는 단풍구경을 즐기기 위해서 친구나 동료가 종종 모입니다. 신년회부터 망년회에 이르기까지 계절에 따른 행사뿐만 아니라 와인파티나 바베큐 파티, 홈 파티와 같은 서양식 모임도 즐기고 있습니다.

학습 목표

- 어떤 사람의 취향, 잘하는 것, 어학실력에 대해 말한다
- 파티 등에서 다른 사람을 자세히 소개한다
- 자신이 하고 싶은 일에 대해 말한다
- 자신이 알고 싶은 정보를 주위 사람에게서 얻는다
- 몸의 아픈 부위에 대해 말한다
- 요즘 정기적으로 하고 있는 일에 대해 말한다

UNIT 4

SOCIALIZING

社交　사교

〈UNIT4〉의 회화장면은 파티 등 사교모임에서 친구를 소개하거나 음식에
대해 이야기하는 내용으로 이루어져 있습니다. 자신의 취향을 말하거나
상대방에 대한 정보를 묻는 표현을 다루고 있습니다.

❶ 사람 は　명사 が 好きです／上手です／分かります

> [예]　グレイさんは　ビールが　好きです。　그레이 씨는 맥주를 좋아합니다.

> [예]　グレイさんは　テニスが　上手です。　그레이 씨는 테니스를 잘합니다.

> [예]　グレイさんは　中国語が　分かります。　그레이 씨는 중국어를 압니다.

▶「好きです(좋아합니다)」,「上手です(잘합니다)」,「痛いです(아픕니다)」,「分かります(압니다)」는 조사「が」와 함께 쓰인다.

주 :「痛いです」의 문장의 주제는 항상 화자로, 화자의 신체부위가 주어가 된다.

❷ 私は　동사 －たいです

▶ 희망을 나타내는 표현 : 동사 +「－たいです」

희망표현은 동사의「ます형」에서「ます」를 떼고「たいです」를 붙이면 완성된다.

行きます　→　行きたい
食べます　→　食べたい

주 :「～たい」는 い형용사처럼 활용한다.

> [예]　行きたいです。　가고 싶습니다.

> [예]　行きたくないです。　가고 싶지 않습니다.

> [예]　行きたかったです。　가고 싶었습니다.

> [예]　行きたくなかったです。　가고 싶지 않았습니다.

▶「－たい」는 화자의 희망을 표현하며, 3인칭 주어에는 사용하지 않는다.

> [예]　タクシーで　行きたいです。　택시로 가고 싶습니다.

의문문을 만들 때는「－たいです」의 뒤에 조사「か」를 붙인다. 그러나 이 종류의 의문문은 특히 윗사람에게 쓰면 실례가 된다. 누군가에게 무엇이 하고 싶은지를 물어볼 때는「タクシーで　行きますか (택시로 갑니까?)」처럼「ます형」에「か」를 붙인 형태를 쓰는 것이 무난하다.

주 : 보통「～が－たい」(을 하고싶다)로 쓰지만, 때때로 조사「が」대신「を」를 쓰기도 한다.

> [예]　ワインを／が　飲みたいです。　와인을/이 마시고 싶습니다.

UNIT 4

LESSON 08

ともだち しょうかい
友達に紹介される 친구에게 소개받다
BEING INTRODUCED TO SOMEONE

Target Dialogue  Track 29

그린 씨네 가족은 집에서 파티를 하고 있습니다.

파티에서 그린 씨는 자신의 친구인 오가와 씨에게 스미스 씨를 소개합니다.

グリーン　　スミスさん、こちらは　小川さんです。

小川　　　　はじめまして、小川です。よろしく　お願いします。

スミス　　　ＡＢＣフーズの　スミスです。よろしく　お願いします。

グリーン　　小川さん、私は　スミスさんと　毎週　土曜日に　テニスを
　　　　　　しています。スミスさんは　テニスがとても　上手です。

小川　　　　そうですか。私も　テニスが　好きです。

スミス　　　じゃ、今週の　土曜日に　小川さんも　一緒に　テニスを
　　　　　　しませんか。

小川　　　　ありがとうございます。ぜひ。

◆　グリーンさんは　毎週　土曜日に　スミスさんと　テニスを
　　しています。今週の　土曜日は　小川さんも　一緒に　テニスをします。

Vocabulary

□ テニス 테니스

□ 上手です 잘합니다

그린:	스미스 씨, 이쪽은 오가와 씨입니다.
오가와:	처음 뵙겠습니다, 오가와입니다. 잘 부탁합니다.
스미스:	ABC 푸드의 스미스입니다. 잘 부탁합니다.
그린:	오가와 씨, 저는 스미스 씨와 매주 토요일에 테니스를 하고 있습니다.
	스미스 씨는 테니스를 무척 잘 합니다.
오가와:	그렇습니까. 저도 테니스를 좋아합니다.
스미스:	그럼, 이번 주 토요일에 오가와 씨도 같이 테니스를 하지 않겠습니까?
오가와:	감사합니다. 부디.

◆ 그린 씨는 매주 토요일에 스미스 씨와 테니스를 하고 있습니다. 이번 주 토요일은 오가와 씨도 함께 테니스를 할 예정입니다.

Green:	Mr. Smith, this is Mr. Ogawa.
Ogawa:	How do you do. I'm Ogawa. Pleased to meet you.
Smith:	I'm Smith from ABC Foods. Pleased to meet you.
Green:	Mr. Ogawa, I play tennis with Mr. Smith every Saturday. He's very good at tennis.
Ogawa:	Is that so? I like tennis, too.
Smith:	Well, would you like to play tennis with us this Saturday, too?
Ogawa:	Thank you. I'll definitely be there.

◆ Mr. Green plays tennis with Mr. Smith every Saturday. This Saturday, Mr. Ogawa will play tennis with them.

Notes

❶ スミスさんは　テニスが　とても　上手（じょうず）です。

▶ 형용사「上手（じょうず）です(잘합니다)」는 2,3인칭 즉 타인에게 쓰는 표현이다. 일본인은 이 표현을 자신이나 자신의 가족에게 쓰지 않는다. 또한, 상대방에게「…が　上手（じょうず）ですか。」라고는 묻지 않는 것이 일반적이다.

Practice

Word Power

Ⅰ. 동사:

1. 上手です
잘합니다

2. 好きです
좋아합니다

3. 分かります
압니다

Ⅱ. 스포츠:

1. スキー
스키

2. サッカー
축구

3. 野球
야구

4. 水泳
수영

Key Sentences

1. スミスさんは　テニスが　上手です。 스미스 씨는 테니스를 잘 합니다.

2. 高橋さんは　果物が　好きです。 다카하시 씨는 과일을 좋아합니다.

3. スミスさんは　日本語が　分かります。 스미스 씨는 일본어를 압니다.

Vocabulary

□ 果物 과일

 *Exercises*

Exercise I 동사 활용 연습 ▶

아래의 동사를 읽어보고 현재형, 과거형, 긍정형, 부정형을 외워 보세요.

		현재형		과거형	
		긍정형	부정형	긍정형	부정형
な형용사	잘 하다	上手です	上手では ありません	上手でした	上手では ありませんでした
	좋아하다	好きです	好きでは ありません	好きでした	好きでは ありませんでした
동사	알다,이해하다	分かります	分かりません	分かりました	分かりませんでした

Exercise II 밑줄을 괄호의 단어로 바꿔 예문과 같이 문장을 만들어 보세요.

A. 잘하는 것을 말해 보세요.

> *ex.* 中村さんは　<u>ゴルフ</u>が　上手です。

1. _______________________________________ （テニス）

2. _______________________________________ （スキー）

3. _______________________________________ （英語）

B. 좋아하는 것을 말해 보세요.

> *ex.* 中村さんは　<u>果物</u>が　好きです。

1. _______________________________________ （すきやき）

2. _______________________________________ （旅行）

3. _______________________________________ （サッカー）

C. 아는 것을 말해 보세요.

> **ex.** スミスさんは　日本語<ruby>に ほん ご</ruby>が　分<ruby>わ</ruby>かります。

1. ____（フランス語<ruby>ご</ruby>）

2. ____（漢字<ruby>かん じ</ruby>）

 **Exercise Ⅲ**　아래의 표의 정보를 바탕으로 예문과 같이 대화문을 만들어 보세요.

ex.	
英語<ruby>えい ご</ruby>	フランス語<ruby>ご</ruby>

1.	
日本語<ruby>に ほん ご</ruby>	中国語<ruby>ちゅうごく ご</ruby>

2.	
フランス語<ruby>ご</ruby>	韓国語<ruby>かんこく ご</ruby>

4.	
中国語<ruby>ちゅうごく ご</ruby>	ドイツ語<ruby>ご</ruby>

Vocabulary

- □ 漢字<ruby>かん じ</ruby> 한자
- □ 中国語<ruby>ちゅうごく ご</ruby> 중국어
- □ ウイスキー 위스키
- □ 韓国語<ruby>かんこく ご</ruby> 한국어
- □ ダンス 댄스, 춤
- □ ドイツ語<ruby>ご</ruby> 독일어

A. 좋아하는 것, 잘하는 것, 아는 것에 대해 말해 보세요.

> *ex.* 加藤さんは　お酒が　好きです。
> ゴルフが　上手です。英語が　分かります。

1. ____

2. ____

3. ____

B. 싫어하는 것, 못하는 것, 모르는 것에 대해 말해 보세요.

> *ex.* 加藤さんは　コーヒーが　好きではありません。
> テニスが　上手ではありません。フランス語が　分かりません。

1. ____

2. ____

3. ____

C. 무엇을 좋아하고, 아는지에 대한 질문에 대답해 보세요.

> *ex.* 高橋　：加藤さんは　お酒が　好きですか。
> 加藤　：はい、好きです。
> 高橋　：加藤さんは　フランス語が　分かりますか。
> 加藤　：いいえ、分かりません。

1. 高橋　：スミスさんは　ビールが　好きですか。

スミス：____

高橋　：スミスさんは　日本語が　分かりますか。

スミス：____

2. 高橋　：チャンさんは　コーヒーが　好きですか。

チャン：＿＿＿＿＿＿＿＿＿＿＿＿＿＿＿＿＿＿＿＿＿

高橋　：チャンさんは　韓国語が　分かりますか。

チャン：＿＿＿＿＿＿＿＿＿＿＿＿＿＿＿＿＿＿＿＿＿

3. 高橋　：佐々木さんは　ウイスキーが　好きですか。

佐々木：＿＿＿＿＿＿＿＿＿＿＿＿＿＿＿＿＿＿＿＿＿

高橋　：佐々木さんは　中国語が　分かりますか。

佐々木：＿＿＿＿＿＿＿＿＿＿＿＿＿＿＿＿＿＿＿＿＿

D. 누가 무엇을 잘하는 지에 대한 질문에 대답해 보세요.

> *ex.* 高橋：加藤さんは　ゴルフが　上手ですか。
> 中村：はい、上手です。

1. 高橋　：スミスさんは　ダンスが　上手ですか。

中村　：＿＿＿＿＿＿＿＿＿＿＿＿＿＿＿＿＿＿＿＿＿

2. 高橋　：チャンさんは　ダンスが　上手ですか。

中村　：＿＿＿＿＿＿＿＿＿＿＿＿＿＿＿＿＿＿＿＿＿

3. 高橋　：佐々木さんは　ゴルフが　上手ですか。

中村　：＿＿＿＿＿＿＿＿＿＿＿＿＿＿＿＿＿＿＿＿＿

 **Exercise Ⅳ** 좋아하는 것에 대한 자세한 정보 묻고 답하기 ▶ 밑줄을 괄호의 단어로 바꿔 예문과 같이 대화문을 만들어 보세요.

> **ex.** チャン　：鈴木さんは　スポーツが　好きですか。
> 鈴木　：はい、好きです。
> チャン　：どんな　スポーツが　好きですか。
> 鈴木　：サッカーが　好きです。

1. チャン　：＿＿＿＿＿＿＿＿＿＿＿＿＿＿＿＿＿＿＿＿（果物）

　　鈴木　：＿＿＿＿＿＿＿＿＿＿＿＿＿＿＿＿＿＿＿＿

　　チャン　：＿＿＿＿＿＿＿＿＿＿＿＿＿＿＿＿＿＿＿＿（果物）

　　鈴木　：＿＿＿＿＿＿＿＿＿＿＿＿＿＿＿＿＿＿＿＿（りんご）

2. チャン　：＿＿＿＿＿＿＿＿＿＿＿＿＿＿＿＿＿＿＿＿（イタリア料理）

　　鈴木　：＿＿＿＿＿＿＿＿＿＿＿＿＿＿＿＿＿＿＿＿

　　チャン　：＿＿＿＿＿＿＿＿＿＿＿＿＿＿＿＿＿＿＿＿（イタリア料理）

　　鈴木　：＿＿＿＿＿＿＿＿＿＿＿＿＿＿＿＿＿＿＿＿（ピザ）

3. チャン　：＿＿＿＿＿＿＿＿＿＿＿＿＿＿＿＿＿＿＿＿（音楽）

　　鈴木　：＿＿＿＿＿＿＿＿＿＿＿＿＿＿＿＿＿＿＿＿

　　チャン　：＿＿＿＿＿＿＿＿＿＿＿＿＿＿＿＿＿＿＿＿（音楽）

　　鈴木　：＿＿＿＿＿＿＿＿＿＿＿＿＿＿＿＿＿＿＿＿（ジャズ）

Vocabulary

□ イタリア料理　이탈리아 요리　　　□ ジャズ　재즈

 **Exercise** Ⅴ 친구 소개 및 친구가 좋아하는 것에 대한 정보 가르쳐 주기 ▶

그림의 정보를 바탕으로 아래의 예문과 같이 대화문을 완성시켜 보세요.

> ex. 高橋　　　　　：チャンさん、こちらは　カーペンターさんです。
> カーペンター：はじめまして。カーペンターです。
> 　　　　　　　よろしく　お願いします。
> 高橋　　　　　：カーペンターさんは　料理が　上手です。
> 　　　　　　　フランスの　ワインが　好きです。

1. 高橋　：チャンさん、こちらは　落合さんです。

   落合　：はじめまして。落合です。よろしく　お願いします。

   高橋　：＿＿＿＿＿＿＿＿＿＿＿＿＿＿＿＿＿＿＿＿＿＿＿

2. 高橋　：チャンさん、こちらは　小島さんです。

   小島　：はじめまして。小島です。よろしく　お願いします。

   高橋　：＿＿＿＿＿＿＿＿＿＿＿＿＿＿＿＿＿＿＿＿＿＿＿

3. 高橋　：チャンさん、こちらは　安藤さんです。

   安藤　：はじめまして。安藤です。よろしく　お願いします。

   高橋　：＿＿＿＿＿＿＿＿＿＿＿＿＿＿＿＿＿＿＿＿＿＿＿

Vocabulary

□ ピアノ 피아노　　　　　　□ 海 바다　　　　　　□ カーペンター 카펜터 (성 씨)
□ 落合 오치아이 (성 씨)

 **Exercise Ⅵ** 밑줄을 괄호의 단어로 바꿔 예문과 같이 대화문을 만들어 보세요.

A. 공통의 취미에 대해 말해 보세요.

> *ex.* グリーン　：土曜日に　箱根に　行って、ゴルフを　します。
> 加藤　　　：いいですね。グリーンさんは　ゴルフが　好きですか。
> グリーン　：ええ、好きです。加藤さんは?
> 加藤　　　：私も　好きです。
> グリーン　：じゃ、今度　一緒に　行きませんか。
> 加藤　　　：ありがとうございます。ぜひ。

1. グリーン　：____________________________
　　　　　　　　　　　　　　　　（東京スタジアム、野球、見ます）

　　加藤　　：____________________________（野球）

　　グリーン　：____________________________

　　加藤　　：____________________________

　　グリーン　：____________________________

　　加藤　　：____________________________

2. グリーン　：____________________________
　　　　　　　　　　　　　　　（銀座、フランス料理、食べます）

　　加藤　　：____________________________（フランス料理）

　　グリーン　：____________________________

　　加藤　　：____________________________

　　グリーン　：____________________________

　　加藤　　：____________________________

Vocabulary

□ 東京スタジアム　도쿄 스타디움　　　　□ フランス料理　프랑스 요리

B. 어떤 인물을 자세히 설명해 보세요.

ex. 鈴木　　：佐々木さん、あちらは　どなたですか。

佐々木　：ＪＢＰジャパンの　落合さんです。落合さんは　中国に

　　　　　住んでいましたから、中国語が　とても　上手です。

佐々木　：そうですか。

　　　　　私は　来週から　中国語を　習います。

鈴木　　：じゃ、紹介しましょうか。

佐々木　：ええ、お願いします。

1. 鈴木　　：＿＿＿＿＿＿＿＿＿＿＿＿＿＿＿＿＿＿＿＿＿＿＿

　　佐々木　：＿＿＿＿＿＿＿＿＿＿＿＿＿＿＿＿＿＿＿＿＿＿＿

　　　　　　　　　　　　　　　（カーペンターさん、フランス、フランス語）

　　鈴木　　：＿＿＿＿＿＿＿＿＿＿＿＿＿＿＿＿＿＿（フランス語）

　　佐々木　：＿＿＿＿＿＿＿＿＿＿＿＿＿＿＿＿＿＿＿＿＿＿＿

　　鈴木　　：＿＿＿＿＿＿＿＿＿＿＿＿＿＿＿＿＿＿＿＿＿＿＿

2. 鈴木　　：＿＿＿＿＿＿＿＿＿＿＿＿＿＿＿＿＿＿＿＿＿＿＿

　　佐々木　：＿＿＿＿＿＿＿＿＿＿＿＿＿＿＿＿＿＿＿＿＿＿＿

　　　　　　　　　　　　　　　　　（小島さん、韓国、韓国語）

　　鈴木　　：＿＿＿＿＿＿＿＿＿＿＿＿＿＿＿＿＿＿＿（韓国語）

　　佐々木　：＿＿＿＿＿＿＿＿＿＿＿＿＿＿＿＿＿＿＿＿＿＿＿

　　鈴木　　：＿＿＿＿＿＿＿＿＿＿＿＿＿＿＿＿＿＿＿＿＿＿＿

Exercise Ⅶ （Track 31）CD를 듣고 들은 정보를 바탕으로 빈칸을 채워 보세요.

チャンさんは＿＿＿＿＿＿＿＿＿＿＿　が　上手です。

Vocabulary

□ あちら　저쪽　　　　　　　□ 習います　배웁니다　　　　　　□ 紹介します　소개합니다

Short Dialogue 

Track 32

나카무라 씨는 오가와 씨에게 관심이 있습니다.

中村　　　　グリーンさん、あちらは　どなたですか。

グリーン　　ああ、小川さんです。

　　　　　　時々　一緒に　剣道の　練習を　します。

中村　　　　そうですか。素敵な　人ですね。

グリーン　　紹介しましょうか。

中村　　　　ええ、お願いします。

해석

나카무라: 그린 씨, 저 분은 누구시죠?
그린:　　아. 오가와 씨입니다.
　　　　　가끔 같이 검도 연습을 합니다.
나카무라: 그렇습니까. 멋진 분이네요.
그린:　　소개해드릴까요?
나카무라: 네, 부탁합니다.

Translation

Nakamura:　Mr. Green, who is that?
Green:　　Oh, that's Mr. Ogawa.
　　　　　　We sometimes practice kendo
　　　　　　together.
Nakamura:　Is that so?
　　　　　　He's a fine person, isn't he?
Green:　　Shall I introduce you to him?
Nakamura:　Yes, please do.

Active Communication

당신은 파티에 왔습니다. 서로 친구나 동료를 소개하고 자신의 취미나 잘하는 것에 대하여 자세히 말해 봅시다.

Vocabulary

□ 剣道 검도　　　　　　　□ 練習を します 연습을 합니다　　　　　　　□ 素敵な 멋진

LESSON 09 パーティーで 파티에서
AT A PARTY

 **Target Dialogue** Track 33

그린 씨는 스미스 씨와 오가와 씨에게 요리를 만들어 주고 있습니다. 스미스 씨와 오가와 씨는 그린 씨가 만든 일본요리를 먹고 있습니다.

スミス	おいしいですね。
小川（おがわ）	本当（ほんとう）に　おいしいですね。グリーンさんは　料理（りょうり）が　上手（じょうず）ですね。
グリーン	ありがとうございます。毎週（まいしゅう）　水曜日（すいようび）に　銀座（ぎんざ）の　クッキングスクールで　日本料理（にほんりょうり）を　習（なら）っています。
スミス	私（わたし）も　日本料理（にほんりょうり）を　習（なら）いたいです。その　クッキングスクールは　どこに　ありますか。
グリーン	のぞみデパートの　隣（となり）に　あります。

◆ グリーンさんは　毎週（まいしゅう）　水曜日（すいようび）に　銀座（ぎんざ）の　クッキングスクールで　日本料理（にほんりょうり）を　習（なら）っています。

Vocabulary

□ クッキングスクール 요리 교실　　□ 日本料理（にほんりょうり） 일본 요리　　□ 習（なら）いたいです 배우고 싶습니다
□ その ユ

스미스:	맛있네요.
오가와:	정말 맛있네요. 그린 씨는 요리를 잘 하시네요.
그린:	감사합니다. 매주 수요일에 긴자의 요리 교실에서 일본 요리를 배우고 있습니다.
스미스:	저도 일본 요리를 배우고 싶습니다. 그 요리 교실은 어디에 있습니까?
그린:	노조미 백화점 옆에 있습니다.

◆ 그린 씨는 매주 수요일에 긴자의 요리 교실에서 일본 요리를 배우고 있습니다.

Translation

Smith:	This is delicious, isn't it?
Ogawa:	It really is delicious, isn't it? You are a good cook, Mrs. Green.
Green:	Thank you. I take lessons in Japanese cuisine at a cooking school in GInza every Wednesday.
Smith:	I'd like to learn Japanese cuisine, too. Where is that cooking school?
Green:	It's next door to Nozomi Department Store.

◆ Mrs. Green takes lessons in Japanese cuisine at a cooking school in GInza every Wednesday.

❶ **その　クッキングスクール**

▶ 여기서 「その」는 이전에 대화에서 언급된 적이 있는 것에 대해 말할 때 쓰인다.

Practice

Word Power

Ⅰ. 취미:

じゅうどう
1. 柔道
유도

い　ばな
2. 生け花
꽃꽂이

ちゃ
3. お茶
차

Ⅱ. 신체 부위:

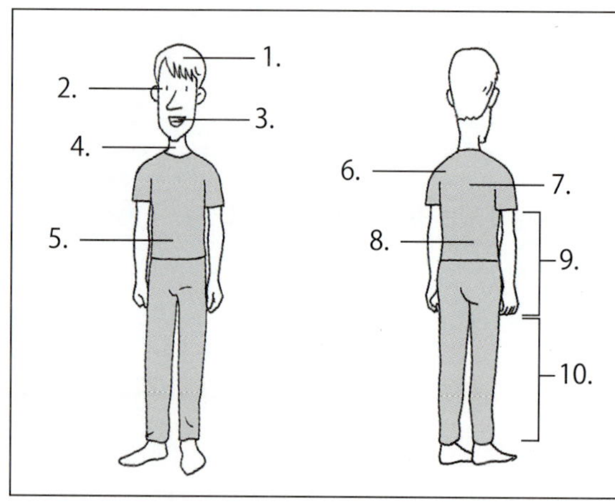

あたま 1. 頭 머리	め 2. 目 눈
は 3. 歯 이	4. のど 목
なか 5. お腹 배	かた 6. 肩 어깨
せ なか 7. 背中 등	こし 8. 腰 로비
て 9. 手 손	あし 10. 足 발

Key Sentences

わたし　　　おんせん　　　い
1. 私は　温泉に　行きたいです。 저는 온천에 가고 싶습니다.

わたし　　あたま　　いた
2. 私は　頭が　痛いです。 저는 머리가 아픕니다.

○ *Exercises*

 **Exercise** Ⅰ 동사 활용 연습 ▶
아래의 동사를 읽어보고 현재형, 과거형, 긍정형, 부정형을 외워 보세요.

	현재형		과거형	
	긍정형	부정형	긍정형	부정형
배우고 싶다	習(なら)いたいです	習(なら)いたく ないです	習(なら)いたかったです	習(なら)いたく なかったです
가고 싶다	行(い)きたいです	行(い)きたくないです	行(い)きたかったです	行(い)きたく なかったです

 **Exercise** Ⅱ 하고 싶은 것을 말하기 ▶ 예문과 같이 문장을 만들어 보세요.

> *ex.* 私(わたし)は　温泉(おんせん)に　行(い)きます。
> → 私(わたし)は　温泉(おんせん)に　行(い)きたいです。
> 私(わたし)は　温泉(おんせん)に　行(い)きません。
> → 私(わたし)は　温泉(おんせん)に　行(い)きたくないです。

1. 私(わたし)は　テレビを　見(み)ます。

→ _______________________________________

2. 私(わたし)は　高橋(たかはし)さんに　会(あ)いません。

→ _______________________________________

3. 私(わたし)は　古(ふる)い　家具(かぐ)を　買(か)います。

→ _______________________________________

4. 私(わたし)は　柔道(じゅうどう)を　習(なら)いません。

→ _______________________________________

Vocabulary

□ 行(い)きたいです 가고 싶습니다　　　　□ 痛(いた)いです 아픕니다　　　　□ 家具(かぐ) 가구

 **Exercise Ⅲ** 예문과 같이 대화문을 만들어 보세요.
올바른 활용에 주의해서 밑줄을 괄호의 단어로 바꿔 써넣어 보세요.

A. 살고 싶은 곳에 대해 묻고 대답해 보세요.

> **ex.** A：将来　どんな所に　住みたいですか。
> B：<u>海の　近く</u>に　住みたいです。

1. A: ____

 B: _______________________________________（暖かい　所）

2. A: ____

 B: _______________________________________（静かな　町）

3. A: ____

 B: _______________________________________（沖縄）

B. 알고 싶은 정보에 대해 묻고 대답해 보세요.

> **ex.** A：<u>日本語を　習いたい</u>です。いい　<u>学校</u>を　知っていますか。
> B：すみません、知りません。

1. A: ____
（温泉に　行きます、所）

 B: ____

2. A: ____
（生け花を　習います、クラス）

 B: ____

3. A: ____
（古い　家具を　買います、店）

 B: ____

Vocabulary

□ 将来 장래　　　　　　□ 暖かい 따뜻하다　　　　　　□ 町 마을

□ クラス 교실, 수업

124

 **Exercise Ⅳ** 어디가 아픈지 말하기 ▶ 밑줄을 괄호의 단어로 바꿔 예문과 같이 대화문을 만들어 보세요.

> **ex.** 私は　頭が　痛いです。

1. ____ (歯)

2. ____ (お腹)

Exercise Ⅴ 의사에게 증상 말하기 ▶ 그림의 정보를 바탕으로 예문과 같이 대화문을 만들어 보세요.

> **ex.** 医者　：どうしましたか。
> チャン：気分が　悪いです。

1. 医者　：____

　　チャン：____

2. 医者　：____

　　チャン：____

3. 医者　：____

　　チャン：____

Vocabulary

□どうしましたか 무슨 일입니까?　　　□熱 열　　　□38度 38도

 **Exercise Ⅵ** 매주 하는 일 말하기 / 하고 싶은 것 표현하기 ▶

예문에 있는 활용형을 사용해서, 밑줄을 괄호 안의 단어로 바꿔 써 보세요.

> ***ex.*** A：私は　毎週　日本語を　習っています。
> B：いいですね。私も　習いたいです。

1. A: ______________________________________ （ジョギングを　します）

    B: ______________________________________ （します）

2. A: ______________________________________ （お茶を　習います）

    B: ______________________________________ （習います）

Exercise Ⅶ 밑줄을 괄호의 단어로 바꿔 예문과 같이 대화문을 만들어 보세요.

A. 정보를 전달해 보세요.

> ***ex.*** 高橋　　：日曜日に　温泉に　行きました。
> スミス　：いいですね。私も　行きたいです。
> 高橋　　：いい　温泉を　教えましょうか。
> スミス　：ええ、お願いします。

1. 高橋　　: ______________________________ （テニスを　します）

    スミス　: ______________________________ （します）

    高橋　　: ______________________________ （テニスクラブ）

    スミス　: ______________________________

2. 高橋　　: ______________________________
         （鎌倉に　行って、日本の　古い　家具を　買います）

    スミス　: ______________________________ （買います）

    高橋　　: ______________________________ （店）

    スミス　: ______________________________

B. 동료에게 왜 송별회에 가지 않았는지 설명해 보세요.

> *ex.* 加藤　：昨日　ホワイトさんの　送別会に　行きましたか。
> スミス　：いいえ、行きたかったですが、<u>頭が　痛かったですから</u>、
> 　　　　　行きませんでした。
> 加藤　：そうですか。残念でしたね。

1. 加藤　：＿＿＿＿＿＿＿＿＿＿＿＿＿＿＿＿＿＿＿＿＿＿＿

スミス：＿＿＿＿＿＿＿＿＿＿＿＿＿＿＿＿＿＿＿（歯が　痛かったです）

加藤　：＿＿＿＿＿＿＿＿＿＿＿＿＿＿＿＿＿＿＿＿＿＿＿

2. 加藤　：＿＿＿＿＿＿＿＿＿＿＿＿＿＿＿＿＿＿＿＿＿＿＿

スミス：＿＿＿＿＿＿＿＿＿＿＿＿＿＿＿＿＿＿＿（熱が　ありました）

加藤　：＿＿＿＿＿＿＿＿＿＿＿＿＿＿＿＿＿＿＿＿＿＿＿

Exercise Ⅷ　CD를 듣고 정보를 바탕으로 올바른 답을 골라 보세요.

스미스 씨는 어떤 곳에서 살고 싶어합니까?

　　a) 静かな　町　　　　　b) 大きい　町　　　　c) 小さい　町

Vocabulary

□ 送別会　송별회

Short Dialogue

Track 36

파티가 끝났습니다.

小川（おがわ）	中村さん、車で 来ましたか。
中村（なかむら）	いいえ、電車で 来ました。
小川（おがわ）	遅いですから、私の 車で 帰りませんか。
中村（なかむら）	ありがとうございます。
小川（おがわ）	スミスさんも 一緒に いかがですか。
スミス	ありがとうございます。お願いします。

해석

오가와: 나카무라 씨, 차로 오셨습니까?
나카무라: 아니오, 전철로 왔습니다.
오가와: 늦었으니까, 제 차로 돌아가지 않겠습니까?
나카무라: 감사합니다.
오가와: 스미스 씨도 같이 어떠세요?
스미스: 감사합니다. 부탁합니다.

Translation

Ogawa: Ms. Nakamura, did you come by car?
Nakamura: No, I came by train.
Ogawa: It's late, so wouldn't you like to go home in my car?
Nakamura: Thank you.
Ogawa: Mr. Smith, how about going home with us?
Smith: Thank you. I'd like that.

Vocabulary

□ 遅い（おそ）です 늦었습니다

○ *Active Communication*

1. 학교나 선생님, 또는 당신이 배우고 싶은 것에 대한 정보를 얻어봅시다.

2. 사고싶은 것, 가고 싶은 곳에 대해 정보를 얻어봅시다.

Quiz Ⅰ   알맞은 조사 넣기 ▶ 괄호 안에 알맞은 조사를 써 넣어 보세요.
조사가 필요없는 경우에는 ×표시하세요.

1. スミスさんは　会議の　前（　　　　　）資料を　読みました。

2. 二つ目の　角（　　　　　）左（　　　　　）曲がってください。

3. デパートの　先（　　　　　）止めてください。

4. 高橋さんは　渋谷（　　　　　）電車（　　　　　）降りて、バス（　　　　　）
乗ります。

5. 渋谷（　　　　　）浅草（　　　　　）地下鉄（　　　　　）４０分　かかり
ます。

6. 高橋さんは　ホンコン（　　　　　）１週間（　　　　　）いました。

7. 新幹線は　８時（　　　　　）東京駅（　　　　　）出て、１０時（　　　　　）
京都駅（　　　　　）着きます。

8. ここ（　　　　　）駐車禁止です（　　　　　）、車（　　　　　）止めないで
ください。

Quiz Ⅱ   알맞은 어구 넣기 ▶ 괄호 안에 알맞은 어구를 써 넣어 보세요.

1. 週末に（　　　　　）を　しましたか。
銀座に行って、買い物を　しました。

2. （　　　　　）大阪支社に　電話を　しましたか。
会議の　前に　しました。

3. (　　　　　) 会社に　行きますか。
渋谷で　地下鉄に　乗って、銀座で　降ります。銀座から　会社まで
１０分　歩きます。

4. 東京から　大阪まで　飛行機で (　　　　　) かかりますか。
１時間ぐらい　かかります。

Quiz Ⅲ　　동사 활용 ▶ 적절한 활용형을 써서 활용표를 완성 시켜 보세요.

	ます형	て형	ない형
ex.	使います	使って	使わない
1.	書きます	書いて	
2.		消して	消さない
3.	飲みます		飲まない
4.	撮ります	撮って	
5.	閉めます		閉めない
6.		開けて	開けない
7.	見ます		見ない
8.	来ます	来て	
9.		して	しない

Quiz Ⅳ　　동사 활용 ▶ 괄호 안의 동사를 문맥에 맞는 형태로 바꿔 써 넣어 보세요.

1. スミスさんは　昨日　仕事の　後で　友達と　映画を (　　　　　)、晩ご飯を
食べました。(見ます)

2. スミスさんは　昨日　花を (　　　　　)、家に　帰りました。(買います)

3. おいしい　寿司屋を (　　　　　) ください。(教えます)

4. 次の　交差点を　右に (　　　　　)、まっすぐ (　　　　　) ください。
(曲がります、行きます)

5. この　カタログを (　　　　) も　いいですか。(もらいます)

6. ここは　出口ですから、車を (　　　　　) ください。(止めます)

Quiz Ⅴ　　알맞은 어구 넣기 ▶ 괄호 안에 알맞은 어구를 써 넣어 보세요.

1. スミスさんは　ゴルフ (　　　　　) 上手です。

2. 高橋さんの　お父さんは　銀行 (　　　　) 勤めています。

3. コンサートの　きっぷは　どこ (　　　　)売っていますか。

4. どうしましたか。
　　頭(　　　　)痛いです。

5. スミスさんの　お母さんは　サンフランシスコ (　　　　　) 住んでいます。

Quiz Ⅵ　　알맞은 어구 고르기 ▶ 알맞은 어구를 골라 체크해 보세요.

1. スミスさんは　今　何を　していますか。
　　会議室で　高橋さんと　話を（します／しています）。

2. 高橋さんの　電話番号を（知ります／知っています）か。
　　いいえ、（知りません／知っていません）。

3. 私は　昨日　パーティーに（行きたいです／行きたかったです）が、
　　忙しかったですから、行きませんでした。

【します、上手です、好きです】

高橋　：スミスさんは　テニスが（1.　　　　　　　）か。

スミス：ええ、でも　あまり（2.　　　　　　　　）。

高橋　：明日　友達と　テニスを（3.　　　　　）。

　　　　スミスさんも　一緒に（4.　　　　　）か。

スミス：ええ、ぜひ。

부록

조사	예문	UNIT	LESSON
は	1. 名古屋では　売っていません。	3	7
	2. 今週の　土曜日は　小川さんも　一緒に　テニスを　します。	4	8
	3. "ショコラショコラ"は　東京の　スーパーと　コンビニで　売っています。	3	7
の	1. 会議の　後で　札幌支社に　行きます。	1	1
	2. 次の　信号を　右に　曲がってください。	1	2
から	1. 東京から　日光まで　電車で　1時間半　かかります。	2	3
まで	1. 会社まで　歩きます。	2	3
	2. 東京から　日光まで　電車で　1時間半　かかります。	2	3
を	1. 次の　信号を　右に　曲がってください。	1	2
	2. スミスさんは　新宿駅で　電車を　降ります。	2	3
も	1. "ショコラショコラ"は　名古屋でも　売っていますか。	3	7
	2. サンプルの　写真も　送ってください。	1	2
で	1. スミスさんは　昨日　パーティーの　後で　タクシーで　帰りました。	1	1
	2. カタログを　すぐ　メールで　送って　ください。	1	2
が	1. スミスさんは　営業部に　行きましたが、　チャンさんは　いませんでした。	3	6
	2. もしもし、　チャンですが、　おはようございます。	1	2
に	1. 飛行機は　10時半に　札幌に　着きます。	2	3
	2. スミスさんは　ＡＢＣフーズに　勤めています。	3	7
	3. 田中さんは　横浜に　住んでいます。	3	7
…は …が	1. 田中さんは　果物が　好きです。	4	8
	2. 私は　頭が　痛いです。	4	9
	3. 私は　ワインを / が　飲みたいです。	4	9

의문사	예문	UNIT	LESSON
どこに	スミスさんは　どこに　住んでいますか。	3	7
どんな	どんな　スポーツが　好きですか。	4	8
どう	どうしましたか。	4	9
どうして	どうしてですか。	1	1
どのぐらい	田中さんは　どのぐらい　ニューヨークに　いましたか。	2	3
	どのぐらい　かかりますか。	2	3
どうやって	スミスさんは　どうやって　会社に　行きますか。	2	3

문형

문형	예문	UNIT	LESSON
…は　…が　…です	1. 田中さんは　果物が　好きです。	4	8
	2. 私は　頭が　痛いです。	4	9
―たいです	1. 私は　温泉に　行きたいです。	4	9
…は　…が　―ます	1. スミスさんは　日本語が　分かります。	4	8
…に　―ます	1. スミスさんは　東京駅で　電車に　乗ります。	2	3
…を　―ます	1. スミスさんは　新宿駅で　電車を　降ります。	2	3
―て、　―ます	1. スミスさんは　昨日　本屋に　行って、　辞書を　買いました。	1	1
―ています	1. スミスさんは　今　新聞を　読んでいます。	3	6
	2. 田中さんは　横浜に　住んでいます。	3	7
	3. スミスさんは　佐藤さんを　知っています。	3	7
―てください	1. もう　一度　言ってください。	1	2
―ても　いいですか	1. この　ペンを　使っても　いいですか。	2	4
―ないでください	1. ここは　入り口ですから、　車を　止めないでください。	2	5

い형용사					
明るい	밝다	辛い	맵다	つまらない	지루하다
暖かい	따뜻하다	軽い	가볍다	冷たい	차갑다
新しい	새롭다	汚い	더럽다	遠い	멀다
暑い	덥다	暗い	어둡다	長い	길다
危ない	위험하다	寒い	춥다	速い	빠르다
甘い	달다	塩辛い	짜다	低い	낮다
いい	좋다	少ない	적다	広い	넓다
忙しい	바쁘다	涼しい	시원하다	古い	낡다
痛い	아프다	すっぱい	시다	短い	짧다
おいしい	맛있다	狭い	좁다	難しい	어렵다
多い	많다	高い	높다/비싸다	易しい	쉽다
大きい	크다	正しい	옳다	安い	싸다
遅い	늦다	楽しい	즐겁다	若い	젊다
重い	무겁다	小さい	작다	悪い	나쁘다
面白い	재미있다	近い	가깝다		

な형용사					
安全な	안전한	上手な	능숙한	にぎやかな	번화한
色々な	여러	親切な	친절한	暇な	한가한
嫌いな	싫은	好きな	좋은	不親切な	불친절한
きれいな	예쁜, 아름다운	すてきな	멋진	不便な	불편한
元気な	건강한	大事な	중요한, 소중한	下手な	서투른
静かな	조용한	だめな	안 되는	便利な	편리한
失礼な	무례한	丁寧な	정중한	有名な	유명한

<table>
<tr><td colspan="4" align="center">색</td></tr>
<tr><td>青い</td><td>파랗다</td><td>白い</td><td>하얗다</td></tr>
<tr><td>赤い</td><td>빨갛다</td><td>茶色い、茶色の *</td><td>갈색이다, 갈색인</td></tr>
<tr><td>黄色い、黄色の *</td><td>노랗다, 노란</td><td>緑色の *</td><td>초록색인</td></tr>
<tr><td>黒い</td><td>까맣다</td><td>紫の *</td><td>보라색인</td></tr>
</table>

* 이 단어들은 색 표현 뒤에 の가 붙습니다.

〈파란색으로 표기된 어휘는 이 교재에서 다루지 않은 어휘입니다.〉

동사 활용

일본어 동사활용은 아래의 세 개의 카테고리로 분류된다.

1그룹 : 5모음활용
2그룹 : 단모음 활용
3그룹 : 두 개의 불규칙동사 뿐 :「きます」,「します」

1그룹은 일본어의 모음 순(あ、い、う、え、お)에 따라 활용된다. 2그룹은 모음「ーい」,「ーえ」에만 기초를 두고 있다.「ない형」을 보면, 동사가 1그룹인지 2그룹인지 알 수 있다. 만약 「ーない」 앞에 있는 모음이「ーあ」이면, 그 동사는 1그룹이고, 만약 그것이 「ーい」나「ーえ」이면 2그룹이다. 아래의 표에는 동사「かきます(쓰다)」와「たべます(먹다)」의 활용형이 표기되어 있다.

	1그룹 동사	2그룹 동사
ない형	書かない	食べない
ます형	書きます	食べます
사전형	書く	食べる
가정형	書けば	食べれば
의지형	書こう	食べよう
て형	書いて	食べて
た형	書いた	食べた

전 페이지에 있는 7개의 활용형 중, 이 책에서는「ない형」,「ます형」,「て형」이 소개되어 있고, 사전형, 가정형, 의지형 및「た형」은 4~6권에 게재되어 있다.

사전형이란, 사전에 게재되어있는 형태이기 때문에 그렇게 불리우며,「ます형」대신 문장의 끝에 쓰인다. 한편「ない형」은「ーません」대신 문장의 끝에 쓰인다. 그러나 이 쓰임은「ーます」나「ーません」보다 정중한 표현은 아니다.

참고로 아래는 동사 1그룹, 2그룹, 3그룹의「ます형」,「て형」,「ない형」, 사전형, 그리고「た형」의 일람이다. 몇 가지는 이 책에서 소개되어있지 않은 것도 있다.

1그룹 동사					
ます형	て형	ない형	사전형	た형	뜻
会います	会って	会わない	会う	会った	만나다
預かります	預かって	預からない	預かる	預かった	맡다, 보관하다
あります	あって	ない	ある	あった	있다 (식물, 무생물)
歩きます	歩いて	歩かない	歩く	歩いた	걷다
言います	言って	言わない	言う	言った	말하다
行きます	行って	行かない	行く	行った	가다
いただきます	いただいて	いただかない	いただく	いただいた	받다
売ります	売って	売らない	売る	売った	팔다
置きます	置いて	置かない	置く	置いた	놓다, 두다
送ります	送って	送らない	送る	送った	보내다
押します	押して	押さない	押す	押した	밀다
終わります	終わって	終わらない	終わる	終わった	끝나다
買います	買って	買わない	買う	買った	사다
帰ります	帰って	帰らない	帰る	帰った	돌아가다(오다)
かかります	かかって	かからない	かかる	かかった	걸리다
書きます	書いて	書かない	書く	書いた	쓰다
貸します	貸して	貸さない	貸す	貸した	빌려주다
かつぎます	かついで	かつがない	かつぐ	かついだ	메다, 짊어지다

ます形	て形	ない形	辞書形	た形	意味
頑張(がんば)ります	頑張(がんば)って	頑張(がんば)らない	頑張(がんば)る	頑張(がんば)った	힘내다, 분발하다
聞(き)きます	聞(き)いて	聞(き)かない	聞(き)く	聞(き)いた	듣다/묻다
消(け)します	消(け)して	消(け)さない	消(け)す	消(け)した	끄다/지우다
込(こ)みます	込(こ)んで	込(こ)まない	込(こ)む	込(こ)んだ	붐비다
知(し)ります*	知(し)って	知(し)らない	知(し)る	知(し)った	알다
吸(す)います	吸(す)って	吸(す)わない	吸(す)う	吸(す)った	빨아들이다
住(す)みます	住(す)んで	住(す)まない	住(す)む	住(す)んだ	살다
立(た)ちます	立(た)って	立(た)たない	立(た)つ	立(た)った	서다
違(ちが)います	違(ちが)って	違(ちが)わない	違(ちが)う	違(ちが)った	다르다/틀리다
使(つか)います	使(つか)って	使(つか)わない	使(つか)う	使(つか)った	사용하다
着(つ)きます	着(つ)いて	着(つ)かない	着(つ)く	着(つ)いた	도착하다
作(つく)ります	作(つく)って	作(つく)らない	作(つく)る	作(つく)った	만들다
撮(と)ります	撮(と)って	撮(と)らない	撮(と)る	撮(と)った	찍다
習(なら)います	習(なら)って	習(なら)わない	習(なら)う	習(なら)った	배우다
似合(にあ)います	似合(にあ)って	似合(にあ)わない	似合(にあ)う	似合(にあ)った	어울리다
飲(の)みます	飲(の)んで	飲(の)まない	飲(の)む	飲(の)んだ	마시다
乗(の)ります	乗(の)って	乗(の)らない	乗(の)る	乗(の)った	타다
入(はい)ります	入(はい)って	入(はい)らない	入(はい)る	入(はい)った	들어가다(오다)
曲(ま)がります	曲(ま)がって	曲(ま)がらない	曲(ま)がる	曲(ま)がった	돌다, 꺾다
待(ま)ちます	待(ま)って	待(ま)たない	待(ま)つ	待(ま)った	기다리다
持(も)ちます	持(も)って	持(も)たない	持(も)つ	持(も)った	들다, 가지다
もらいます	もらって	もらわない	もらう	もらった	받다
呼(よ)びます	呼(よ)んで	呼(よ)ばない	呼(よ)ぶ	呼(よ)んだ	부르다
読(よ)みます	読(よ)んで	読(よ)まない	読(よ)む	読(よ)んだ	읽다
分(わ)かります	分(わ)かって	分(わ)からない	分(わ)かる	分(わ)かった	알다, 이해하다

*이 활용형은 쓰이지 않으며, 대신에 「知(し)っています(て형)」이 쓰입니다.

2그룹 동사					
ます형	て형	ない형	사전형	た형	뜻
開けます	開けて	開けない	開ける	開けた	열다
あげます	あげて	あげない	あげる	あげた	주다
います	いて	いない	いる	いた	있다 (사람,동물)
入れます	入れて	入れない	入れる	入れた	넣다
教えます	教えて	教えない	教える	教えた	가르치다
降ります	降りて	降りない	降りる	降りた	내리다
閉めます	閉めて	閉めない	閉める	閉めた	닫다
食べます	食べて	食べない	食べる	食べた	먹다
つけます	つけて	つけない	つける	つけた	(불을) 켜다
(気を)つけます	つけて	つけない	つける	つけた	조심하다
勤めます	勤めて	勤めない	勤める	勤めた	근무하다
出ます	出て	出ない	出る	出た	나가다(오다)
届けます	届けて	届けない	届ける	届けた	보내다/신고하다
止めます	止めて	止めない	止める	止めた	멈추다
見せます	見せて	見せない	見せる	見せた	보이다
見ます	見て	見ない	見る	見た	보다

3그룹 동사					
ます형	て형	ない형	사전형	た형	뜻
来ます	来て	来ない	来る	来た	오다
持って来ます	持って来て	持って来ない	持って来る	持って来た	가져오다
します	して	しない	する	した	하다
失礼します	失礼して	失礼しない	失礼する	失礼した	실례하다
紹介します	紹介して	紹介しない	紹介する	紹介した	소개하다

동사「します」는 다양한 명사와 같이 활용되며, 때에 따라서는「を」를 수반하기도 한다.
다음 표는「명사 + を　します」의 조합의 참고 예이다.

〈파란색으로 표기된 어휘은 이 교재에서 다루지 않은 어휘입니다.〉

예문	뜻	예문	뜻
運転を　します	운전을 합니다	説明を　します	설명을 합니다
会議を　します	회의를 합니다	掃除を　します	청소를 합니다
買い物を　します	쇼핑을 합니다	送別会を　します	송별회를 합니다
コピーを　します	복사를 합니다	テニスを　します	테니스를 합니다
ゴルフを　します	골프를 합니다	電話を　します	전화를 합니다
散歩を　します	산책을 합니다	ドライブを　します	드라이브를 합니다
仕事を　します	일을 합니다	パーティーを　します	파티를 합니다
出張を　します	출장을 합니다(갑니다)	話を　します	이야기를 합니다
ジョギングを　します	조깅을 합니다	勉強を　します	공부를 합니다
食事を　します	식사를 합니다	予約を　します	예약을 합니다
スキーを　します	스키를 합니다	旅行を　します	여행을 합니다
スポーツを　します	스포츠를 합니다	練習を　します	연습을 합니다

지시대명사

	こ	そ	あ	ど
방향	こちら 이쪽	そちら 그쪽	あちら 저쪽	どちら 어느 쪽
사람	こちら 이 분	そちら 그 분	あちら 저 분	どなた、だれ 어느 분, 누구
사물	これ 이것	それ 그것	あれ 저것	どれ 어느 것
장소	ここ 여기	そこ 거기	あそこ 저기	どこ 어디
지칭	この　カメラ 이 카메라	その　カメラ 그 카메라	あの　カメラ 저 카메라	どの　カメラ 어느 카메라

	국가	민족	언어
뉴질랜드	ニュージーランド	ニュージーランド人	英語
독일	ドイツ	ドイツ人	ドイツ語
러시아	ロシア	ロシア人	ロシア語
미국	アメリカ	アメリカ人	英語
브라질	ブラジル	ブラジル人	ポルトガル語
스위스	スイス	スイス人	ドイツ語／フランス語／イタリア語
스페인	スペイン	スペイン人	スペイン語
인도네시아	インドネシア	インドネシア人	インドネシア語
이집트	エジプト	エジプト人	アラビア語
이탈리아	イタリア	イタリア人	イタリア語
일본	日本	日本人	日本語
영국	イギリス	イギリス人	英語
중국	中国	中国人	中国語
캐나다	カナダ	カナダ人	英語／フランス語
태국	タイ	タイ人	タイ語
프랑스	フランス	フランス人	フランス語
한국	韓国	韓国人	韓国語
호주	オーストラリア	オーストラリア人	英語

~층 (〜階(〜かい・がい))		~잔 (〜杯(〜はい/ばい/ぱい))		~명 (〜人)	
いっかい 1階	1층	いっぱい 1杯	한 잔	ひとり 1人	한 명
にかい 2階	2층	にはい 2杯	두 잔	ふたり 2人	두 명
さんがい 3階	3층	さんばい 3杯	세 잔	さんにん 3人	세 명
よんかい 4階	4층	よんはい 4杯	네 잔	よにん 4人	네 명
ごかい 5階	5층	ごはい 5杯	다섯 잔	ごにん 5人	다섯 명
ろっかい 6階	6층	ろっぱい 6杯	여섯 잔	ろくにん 6人	여섯 명
ななかい 7階	7층	ななはい 7杯	일곱 잔	しちにん／ななにん 7人／7人	일곱 명
はちかい 8階	8층	はっぱい 8杯	여덟 잔	はちにん 8人	여덟 명
きゅうかい 9階	9층	きゅうはい 9杯	아홉 잔	きゅうにん／くにん 9人／9人	아홉 명
じゅっかい １０階	10층	じゅっぱい １０杯	열 잔	じゅうにん １０人	열 명
じゅういっかい １１階	11층	じゅういっぱい １１杯	열한 잔	じゅういちにん １１人	열한 명
じゅうにかい １２階	12층	じゅうにはい １２杯	열두 잔	じゅうににん １２人	열두 명
なんかい／なんがい 何階／何階	몇 층	なんばい 何杯	몇 잔	なんにん 何人	몇 명

* 참고 : 地下　1階 (지하 1층) , 地下　2階 (지하 2층)

횟수 (〜回・度)			
いっかい　いちど 1回、1度	1회, 한 번	はちかい　はちど 8回、8度	8회, 여덟 번
にかい　にど 2回、2度	2회, 두 번	きゅうかい　きゅうど 9回、9度	9회, 아홉 번
さんかい　さんど 3回、3度	3회, 세 번	じゅっかい　じゅうど １０回、１０度	10회, 열 번
よんかい　よんど 4回、4度	4회, 네 번	じゅういっかい　じゅういちど １１回、１１度	11회, 열한 번
ごかい　ごど 5回、5度	5회, 다섯 번	じゅうにかい　じゅうにど １２回、１２度	12회, 열두 번
ろっかい　ろくど 6回、6度	6회, 여섯 번	なんかい 何回	몇 회
ななかい　ななど 7回、7度	7회, 일곱 번	なんど 何度	몇 번, 몇 도

정도 / 빈도 / 양

정도	
표	**예문**
100% とても 매우 あまり… －ない／－ません 그다지/별로 ~지 않다/않습니다 0% 全然(ぜんぜん)… －ない／－ません 전혀 ~지 않다/않습니다	1. この 飲(の)み物(もの)は とても おいしいです。 이 음료는 매우 맛있습니다. 2. この 飲(の)み物(もの)は あまり おいしくないです。 이 음료는 그다지 맛있지 않습니다. 3. この 飲(の)み物(もの)は 全然(ぜんぜん) おいしくないです。 이 음료는 전혀 맛있지 않습니다.

빈도	
표	**예문**
100% いつも 항상 よく 자주 時々(ときどき) 때때로 たまに 가끔 あまり… －ません 그다지 ~지 않습니다 0% 全然(ぜんぜん)… －ません 전혀 ~지 않습니다	1. 晩(ばん)ご飯(はん)の 後(あと)で いつも テレビを 見(み)ます。 저녁을 먹은 후 항상 텔레비전을 봅니다. 2. 晩(ばん)ご飯(はん)の 後(あと)で よく テレビを 見(み)ます。 저녁을 먹은 후 자주 텔레비전을 봅니다. 3. 晩(ばん)ご飯(はん)の 後(あと)で 時々(ときどき) テレビを 見(み)ます。 저녁을 먹은 후 때때로 텔레비전을 봅니다. 4. 晩(ばん)ご飯(はん)の 後(あと)で たまに テレビを 見(み)ます。 저녁을 먹은 후 가끔 텔레비전을 봅니다. 5. 晩(ばん)ご飯(はん)の 後(あと)で あまり テレビを 見(み)ません。 저녁을 먹은 후 그다지 텔레비전을 보지 않습니다. 6. 晩(ばん)ご飯(はん)の 後(あと)で 全然(ぜんぜん) テレビを 見(み)ません。 저녁을 먹은 후 전혀 텔레비전을 보지 않습니다.

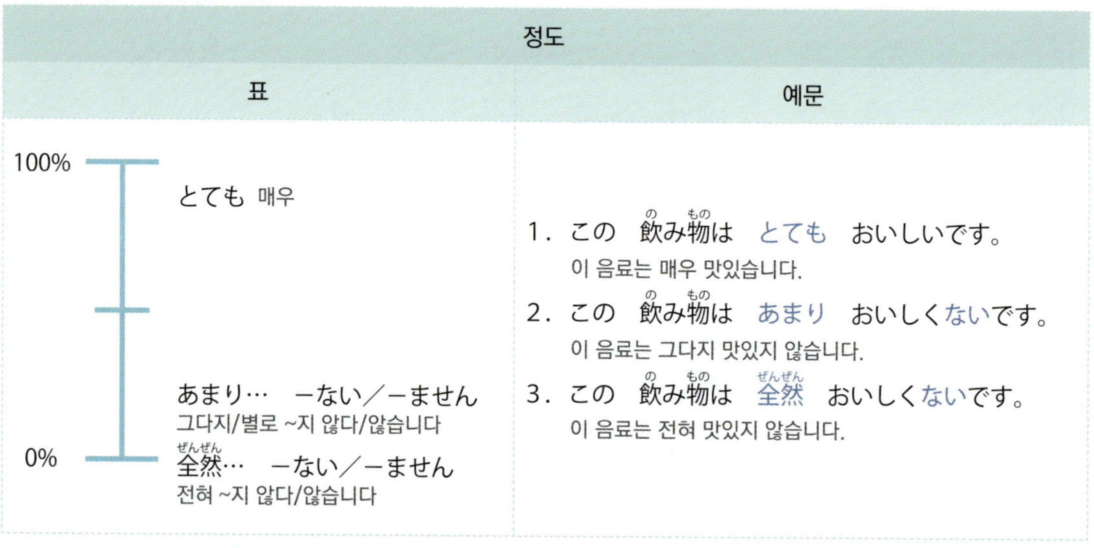

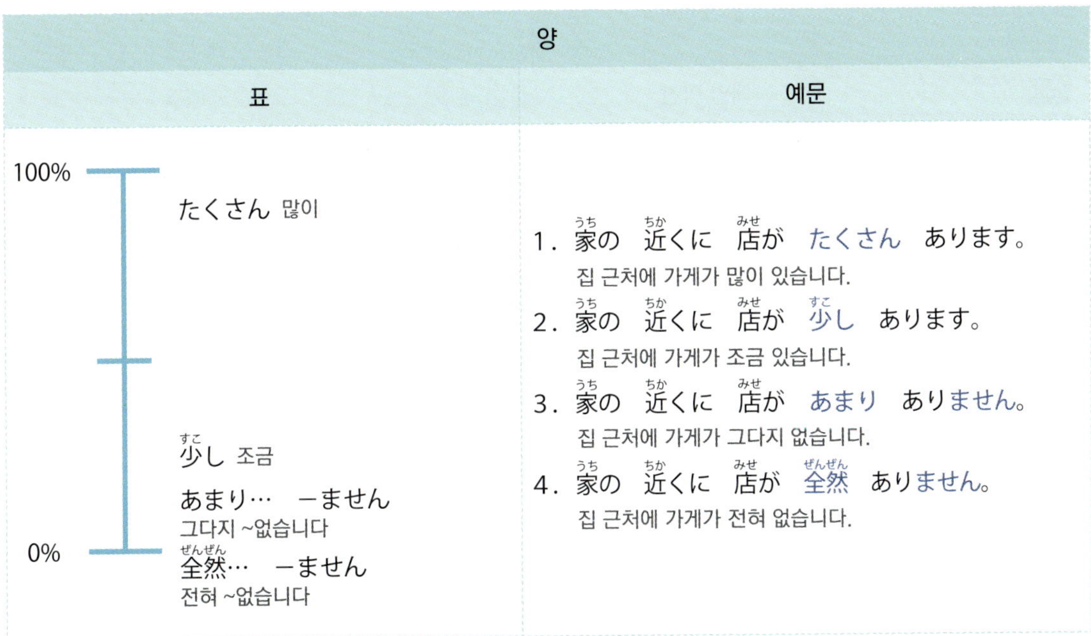

1. 家の　近くに　店が　たくさん　あります。
집 근처에 가게가 많이 있습니다.
2. 家の　近くに　店が　少し　あります。
집 근처에 가게가 조금 있습니다.
3. 家の　近くに　店が　あまり　ありません。
집 근처에 가게가 그다지 없습니다.
4. 家の　近くに　店が　全然　ありません。
집 근처에 가게가 전혀 없습니다.

매~ (毎~)			
毎朝 (まいあさ)	매일 아침	毎週 (まいしゅう)	매주
毎晩 (まいばん)	매일 밤	毎月／毎月 (まいつき／まいげつ)	매달
毎日 (まいにち)	매일	毎年／毎年 (まいねん／まいとし)	매년

~분 (〜分)			
1分(間) (いっぷん かん)	1분(간)	8分(間)／8分(間) (はっぷん かん／はちふん かん)	8분(간)
2分(間) (にふん かん)	2분(간)	9分(間) (きゅうふん かん)	9분(간)
3分(間) (さんぷん かん)	3분(간)	10分(間) (じゅっぷん かん)	10분(간)
4分(間) (よんぷん かん)	4분(간)	11分(間) (じゅういっぷん かん)	11분(간)
5分(間) (ごふん かん)	5분(간)	12分(間) (じゅうにふん かん)	12분(간)
6分(間) (ろっぷん かん)	6분(간)	何分(間) (なんぷん かん)	몇 분(간)
7分(間) (ななふん かん)	7분(간)		

~시간 (〜時間)			
1時間 (いちじかん)	1시간	8時間 (はちじかん)	8시간
2時間 (にじかん)	2시간	9時間 (くじかん)	9시간
3時間 (さんじかん)	3시간	10時間 (じゅうじかん)	10시간
4時間 (よじかん)	4시간	11時間 (じゅういちじかん)	11시간
5時間 (ごじかん)	5시간	12時間 (じゅうにじかん)	12시간
6時間 (ろくじかん)	6시간	何時間 (なんじかん)	몇 시간
7時間／7時間 (ななじかん／しちじかん)	7시간		

~일(간) (〜日(間))			
いちにち 1日	1일	ようか かん 8日 (間)	8일(간)
ふつか かん 2日(間)	2일(간)	ここのか かん 9日 (間)	9일(간)
みっか かん 3日 (間)	3일(간)	とおか かん 10日 (間)	10일(간)
よっか かん 4日 (間)	4일(간)	じゅういちにち かん 11日 (間)	11일(간)
いつか かん 5日 (間)	5일(간)	じゅう に にち かん 12日 (間)	12일(간)
むいか かん 6日 (間)	6일(간)	なんにち かん 何日 (間)	며칠(간)
なのか かん 7日 (間)	7일(간)		

~주 (〜週間)			
いっしゅうかん 1週間	1주	はっしゅうかん 8週間	8주
に しゅうかん 2週間	2주	きゅうしゅうかん 9週間	9주
さんしゅうかん 3週間	3주	じゅっ しゅうかん 10週間	10주
よんしゅうかん 4週間	4주	じゅういっしゅうかん 11週間	11주
ご しゅうかん 5週間	5주	じゅう に しゅうかん 12週間	12주
ろくしゅうかん 6週間	6주	なんしゅうかん 何週間	몇 주
ななしゅうかん 7週間	7주		

~개월(간) (〜か月(間))			
いっ げつ かん 1か月 (間)	1개월(간)	はっ げつ かん 8か月 (間)	8개월(간)
に げつ かん 2か月 (間)	2개월(간)	きゅう げつ かん 9か月 (間)	9개월(간)
さん げつ かん 3か月 (間)	3개월(간)	じゅっ げつ かん 10か月 (間)	10개월(간)
よん げつ かん 4か月 (間)	4개월(간)	じゅういっ げつ かん 11か月 (間)	11개월(간)
ご げつ かん 5か月 (間)	5개월(간)	じゅう に げつ かん 12か月 (間)	12개월(간)
ろっ げつ かん 6か月 (間)	6개월(간)	なん げつ かん 何か月 (間)	몇 개월(간)
なな げつ かん 7か月 (間)	7개월(간)		

~년(간) (〜年(間))			
1年 (間)	1년(간)	8年 (間)	8년(간)
2年 (間)	2년(간)	9年 (間)	9년(간)
3年 (間)	3년(간)	10年 (間)	10년(간)
4年 (間)	4년(간)	11年 (間)	11년(간)
5年 (間)	5년(간)	12年 (間)	12년(간)
6年 (間)	6년(간)	何年 (間)	몇 년(간)
7年 (間) ／ 7年 (間)	7년(간)		

＊「時間」이나 「週間」 이외에는, 접미어 「間」의 선택이 자유롭고, 특정한 것을 말할 때에만 필요하다.

상대 시간					
일		일(아침)		일(저녁)	
一昨日	그저께	一昨日の 朝	그저께 아침	一昨日の 晩／夜	그저께 밤
昨日	어제	昨日の 朝	어제 아침	昨日の 晩／夜	어젯밤
今日	오늘	今朝	오늘 아침	今晩	오늘 밤
明日	내일	明日の 朝	내일 아침	明日の 晩／夜	내일 밤
明後日	모레	明後日の 朝	모레 아침	明後日の 晩／夜	모레 밤
주		월		년	
先々週	지지난 주	先々月	지지난 달	一昨年	재작년
先週	지난 주	先月	지난 달	去年	작년
今週	이번 주	今月	이번 달	今年	올해
来週	다음 주	来月	다음 달	来年	내년
再来週	다다음 주	再来月	다다음 달	再来年	내후년

계절							
春	봄	夏	여름	秋	가을	冬	겨울

UNIT 1

LESSON 01

Ⅲ. 1. 電気を つけて、ドアを 閉めます。
2. 電話番号を 聞いて、電話を します。
3. 家で 本を 読んで、レポートを 書きます。

Ⅳ. 1. A: 明日 何を しますか。
B: 銀座で 買い物を して、映画を 見ます。
2. A: 明日 何を しますか。
B: レストランで 昼ご飯を 食べて、美術館に 行きます。

Ⅴ. 1. スミスさんに 会って、一緒に テニスを しました。
2. ドアを 開けて、電気を つけましょうか。

Ⅵ. 1. A: 昨日 何を しましたか。
B: 六本木に 行って、食事を しました。
2. A: 昨日 何を しましたか。
B: 友達に 会って、一緒に 相撲を 見ました。

Ⅷ. 1. A: 昨日 仕事の 後で 何を しましたか。
B: 友達に 会って、一緒に 映画を 見ました。
2. A: 昨日 仕事の 後で 何を しましたか。
B: デパートに 行って、買い物を しました。
3. A: 昨日 仕事の 後で 何を しましたか。
B: バーで ワインを 飲んで、タクシーで 家に 帰りました。

Ⅸ. 1. スミスさんは 金曜日に 神戸に 行って、ゴルフを します。
ゴルフの 後で 友達の 家に 行きます。
2. スミスさんは 土曜日に 京都に 行って、山本さんと 食事を します。
食事の 後で 古い お寺や 庭を 見ます。

XI.　　a) テレビ

LESSON 02

II.　1. ちょっと　待ってください
　　2. 写真を　撮ってください
　　3. もう　一度　言ってください。
　　4. ペンを　貸してください。
　　5. ピザを　届けてください。

III.　A. 1. A: すみません。メールアドレスを　書いてください。

　　　　　B: はい。

　　　2. A: すみません。メニューを　見せてください。

　　　　　B: はい。

　　　3. A: すみません。会議の　資料を　持ってきてください。

　　　　　B: はい。

V.　1. 次の　信号を　左に　曲がってください。
　　2. 二つ目の　角を　右に　曲がってください。
　　3. まっすぐ　行ってください。
　　4. デパートの　手前で　止めてください。

VII.　高橋さん、ファックス

UNIT 2

LESSON 03

III.　A. 1. 高橋　　：（チャンさんは）どうやって　会社に　行きますか。
　　　　　　チャン：麻布で　バスに　乗って、東京駅で　降ります。
　　　　　　　　　　東京駅から　会社まで　歩きます。
　　　2. 高橋　　：（鈴木さんは）どうやって　会社に　行きますか。
　　　　　　鈴木　：横浜駅で　電車に　乗って、東京駅で　降ります。

東京駅から　会社まで　歩きます。

B．1．チャン：8時に　出ます．．．8時　20分に　着きます。
　　2．鈴木　：7時に　出ます．．．8時に　着きます。

V．　1．スミス　：東京駅から　日光まで　どのぐらい　かかりますか。
　　中村　：電車で　1時間半　かかります。
　　2．中村　：成田空港から　ホンコンまで　どのぐらい　かかりますか。
　　チャン　：飛行機で　5時間　かかります。

VIII．　1．チャン　　　　　：飛行機は　何時に　成田を　出ますか。
　　2．旅行会社の　人：11時に　出ます。
　　3．チャン　　　　　：成田から　ホノルルまで　どのぐらい　かかりますか。
　　4．旅行会社の　人：7時間ぐらい　かかります。
　　5．チャン　　　　　：ありがとうございます。

IX．　地下鉄、30分

LESSON 04

II．　1．窓を　開けても　いいですか。
　　2．この　イヤホーンガイドを　使っても　いいですか。
　　3．この　絵の　写真を　撮っても　いいですか。
　　4．ここで　たばこを　吸っても　いいですか。
　　5．明日　休んでも　いいですか。

III．　1．鈴木：お客さんに　カタログを　見せても　いいですか。
　　加藤：はい、どうぞ。
　　2．鈴木：お客さんに　サンプルを　送っても　いいですか。
　　加藤：はい、どうぞ。
　　3．鈴木：あさって　休んでも　いいですか。
　　加藤：はい、どうぞ。

IV．　1．スミス　　　：お寺の　写真を　撮っても　いいですか。
　　お寺の　人：すみませんが、ちょっと．．．。

2．スミス　　　：庭に　入っても　いいですか。
　　お寺の　人：すみませんが、ちょっと．．．。
3．スミス　　　：ここで　お茶を　飲んでも　いいですか。
　　お寺の　人：すみませんが、ちょっと．．．。

VI.　1．店の　人：ここ/こちらに　お名前と　ご住所を　お願いします。
　　2．スミス　　　：すみません。ペンが　ありません。
　　3．スミス　　　：この　ペンを　使っても　いいですか。
　　4．店の　人：はい、どうぞ。
　　5．スミス　　　：ありがとう。

VII.　3時半、会議室

LESSON 05

III.　1．写真を　撮らないでください。
　　2．ドアを　閉めないでください
　　3．電気を　消さないでください。
　　4．車を　止めないでください。

IV.　1．ここは　出口ですから、車を　止めないでください。
　　2．ここは　店の　前ですから、車を　止めないでください。
　　3．ここは　駐車禁止ですから、車を　止めないでください。

VI.　会議室、　会議

UNIT 3

LESSON 06

III.　A.　1．A:チャンさんは　今　何を　していますか。
　　　　　　B:レポートを　書いています。
　　　　2．A:中村さんは　今　何を　して　いますか。
　　　　　　B:コピーを　しています。

3．A: 加藤さんは　今　何を　していますか。

　　B: 会議室で　説明を　しています。

4．A: 佐々木さんは　今　何を　していますか。

　　B: お客さんと　話を　しています。

5．A: 鈴木さんは　今　何を　していますか。

　　B: たばこを　吸っています。

6．A: 高橋さんは　今　何を　していますか。

　　B: 1階で　エレベーターを　待っています。

B．7．B: いいえ、お客さんと　話を　しています。

　　8．B: いいえ、コピーを　しています。

　　9．B: いいえ、レポート　書いています。

Ⅶ.　c)（スミスさんは）お客さんと　話を　しています。

LESSON 07

Ⅵ.　1．グリーンさんは　渋谷に　住んでいます。そして　ＡＢＣフーズに
勤めています。

2．中村さんの　妹さんは　札幌に　住んでいます。そして　銀行に
勤めています。

3．チャンさんの　お姉さんは　ホンコンに　住んでいます。
そして、デパートに勤めています。

Ⅷ.　1．スミス：レストラン東京の　住所を　知っていますか。
　　　　鈴木　：はい、知っています。
2．スミス：札幌支社の　ファックス番号を　知っていますか。
　　　　鈴木　：いいえ、知りません。

Ⅺ.　０３の３９４４の６４９３です。

Ⅲ.　A.　1.スミスさんは　ビールが　好きです。スキーが　上手です。
　　　　　日本語が　分かります。

　　　2.チャンさんは　コーヒーが　好きです。ダンスが　上手です。
　　　　　フランス語が　分かります。

　　　3.佐々木さんは　ワインが　好きです。テニスが　上手です。
　　　　　中国語が　分かります。

　　B.　1.スミスさんは　お酒が　好きではありません。
　　　　　ダンスが　上手ではありません。中国語が　分かりません。

　　　2.チャンさんは　ビールが　好きではありません。
　　　　　スキーが　上手ではありません。韓国語が　分かりません。

　　　3.佐々木さんは　ウイスキーが　好きではありません。
　　　　　ゴルフが　上手ではありません。ドイツ語が　分かりません。

　　C.　1.スミス：はい、好きです。
　　　　　スミス：はい、分かります。

　　　2.チャン：はい、好きです。
　　　　　チャン：いいえ、分かりません。

　　　3.佐々木：いいえ、好きではありません。
　　　　　佐々木：はい、分かります。

　　D.　1.中村：いいえ、上手ではありません。
　　　2.中村：はい、上手です。
　　　3.中村：いいえ、上手ではありません。

Ⅴ.　1.高橋：落合さんは　ピアノが　上手です。ジャズが　好きです。
　　2.高橋：小島さんは　水泳が　上手です。海が　好きです。
　　3.高橋：安藤さんは　絵が　上手です。浮世絵が　好きです。

Ⅶ.　フランス語

Ⅱ.　1.私は　テレビを　見たいです。

2．私は　高橋さんに　会いたくないです。
3．私は　古い　家具を　買いたいです。
4．私は　柔道を　習いたくないです。

V.　1．医者　：どうしましたか。
　　　チャン：熱が　３８度　あります。
　　2．医者　：どうしましたか。
　　　チャン：のどが　痛いです。
　　3．医者　：どうしましたか。
　　　チャン：腰が　痛いです。

VI.　1．A：私は　毎週　ジョギングを　しています。
　　　　B：いいですね。私も　したいです。
　　2．A：私は　毎週　お茶を　習っています。
　　　　B：いいですね。私も　習いたいです。

VIII.　c)

Quiz

I.　1．に　　　　　　　　2．を、に　　　　　　　3．で
　　4．で、を、に　　　　5．から、まで、で　　　6．に、×
　　7．に、を、に、に　　8．は、から、を

II.　1．何　　　　　　2．いつ　　　　　3．どうやって　　　4．どのぐらい

III.　1．書かない　　　2．消します　　　3．飲んで　　　4．撮らない
　　5．閉めて　　　　6．開けます　　　7．見て　　　8．来ない
　　9．します

IV.　1．見て　　　　　2．買って　　　　3．教えて　　　4．曲がって、行って
　　5．もらって　　　6．止めないで

Ⅴ.　1.が　　　　2.に　　　　3.で　　　　4.が　　　　5.に

Ⅵ.　1.しています　　2.知っています、知りません　　3.行きたかったです

Ⅶ.　1.好きです　　2.上手ではありません。　　3.します
　　4.しません

UNIT 1

Lesson 1, Exercise XI

中村 ：チャンさん、週末に　何を　しますか。
チャン：土曜日に　新宿に　行って　テレビを　買います。
中村 ：そうですか。

Question: チャンさんは　土曜日に　何を　買いますか。

Lesson 2, Exercise VII

加藤 ：チャンさん　高橋さんに　会議の　資料を　ファックスで送ってください。
チャン：はい、分かりました。

UNIT 2

Lesson 3, Exercise IX

スミス：すみません。会社から　のぞみデパートまで　どのぐらい　かかりますか。
中村 ：地下鉄で　３０分ぐらい　かかります。
スミス：そうですか。ありがとうございます。

Lesson 4, Exercise VII

スミス：すみません。3時半から　会議室を　使っても　いいですか。
中村 ：はい、どうぞ。
スミス：ありがとうございます。

Lesson 5, Exercise VI

加藤 ：午後から　会議が　ありますから、会議室の　エアコンを　消さないください。
チャン：はい、分かりました。

UNIT 3

Lesson 6, Exercise VII

佐々木 ：スミスさんは　どこですか。
チャン ：今　3階の　会議室で　お客さんと　話を　しています。
佐々木 ：そうですか。

Question:　スミスさんは　今　何を　していますか。

Lesson 7, Exercise XI

スミス ：すみません。レストランローマの電話番号を　知っていますか。
中村　 ：はい。03-3944-6493です。
スミス ：ありがとうございます。

Question:　レストランローマの　電話番号は　何番ですか。

UNIT 4

Lesson 8, Exercise VII

加藤　 ：来週　フランスの　支社に　行きます。
スミス ：一人で　行きますか。
加藤　 ：いいえ、チャンさんと　行きます。チャンさんは　フランス語が
　　　　　上手ですから。

Lesson 9, Exercise VIII

中村　 ：スミスさん、将来　どんな　所に　住みたいですか。
スミス ：そうですね。小さい　町に　住みたいです。
中村　 ：そうですか。

직장인 일본어 첫걸음

JAPANESE FOR BUSY PEOPLE ③

초판인쇄	2015년 7월 20일
초판발행	2015년 7월 31일

저자	**AJALT** (The Association for Japanese-Language Teaching)
펴낸이	엄태상
책임편집	오은정
편집	中原美菜子, 조은형
표지디자인	서동화
내지디자인	이건화
마케팅	오원택, 이승욱, 박기진, 김동현, 전한나, 박나연
펴낸곳	(주)시사일본어사
등록일자	1977년 12월 24일
등록번호	제 300 - 1977 - 31호
주소	서울시 종로구 자하문로 300 시사빌딩
전화	내용문의 (02) 764 -1582
	주문문의 (02) 3671 -0555
팩스	(02) 3671 -0500
홈페이지	http://book.japansisa.com
이메일	sisa_japan@daum.net

Japanese for Busy People I: Revised 3rd Edition by Association for Japanese-Language Teaching.
Copyright © 2006, 2011 by the Association for Japanese-Language Teaching.
Korean translation rights arranged with Kodansha USA.
Korean Edition © 2015 by SISA Japanese Publishing Co, Ltd

ISBN	978-89-402-9154-2 18730
	978-89-402-9151-1 18730 (set)